Das Atelier des Kusakabe Kimbei

Klaus Lerch

Das Atelier des Kusakabe Kimbei

HIBARIOS

FSC
www.fsc.org
MIX
Papier aus verantwortungsvollen Quellen
Paper from responsible sources
FSC® C105338

Die deutsche Nationalbibliothek verzeichnet diese Publikation in der Deutschen Nationalbibliographie. Detaillierte bibliographische Daten sind im Internet über http://d-nb.de abrufbar.

ISBN 978-3-945058-01-5

Herstellung: Books on Demand GmbH, Norderstedt

Inhaltsverzeichnis

Vorwort

Heutzutage, im Zeitalter von Fernsehen, Internet und einem großen Angebot erschwinglicher Fernreisen, sind Informationen über Leben und Kultur in fernen Ländern einfach zugänglich.

Um wie vieles schwieriger war es noch in der ersten Hälfte des 19. Jahrhunderts, sich ein realistisches Bild über das Leben der Menschen in einem Land wie Japan zu machen. Man war auf Berichte der wenigen Reisenden angewiesen, die die Möglichkeit bekamen, das für den Westen geschlossene Land zu besuchen. Für den Leser dieser Berichte gehörte schon eine gehörige Portion Vorstellungskraft dazu, die fremde Kultur in seinen vielfältigen Facetten zu erfassen.

Zwei Ereignisse änderten die Situation Mitte des 19. Jahrhunderts grundlegend: Die Öffnung Japans hin zum Westen nach der Landung von Commodore Perry in der Bucht von Edo im Jahre 1853 und dreißig Jahre zuvor die Erfindung der Fotografie durch den Franzosen Joseph Nicéphore Niépce sowie die Einführung dieser Technologie nach Japan in 1848 durch Ueno Shunnojo.

Nach der Öffnung Japans strömten Besucher aus dem Westen in das Land, um dort Handelsbeziehung aufzubauen oder um auf Einladung der japanischen Regierung mit den westlichen Errungenschaften zu Technologie, Kultur und Staatswesen, die japanische Gesellschaft zu befruchten. All diese Besucher hatten die Möglichkeit, sich ein Bild des fremden Landes zu machen und sie wollten dieses Bild weitergeben an die zu Hause Gebliebenen. Rasch entwickelte sich die professionell betriebene Souvenirfotografie zu einem lukrativen Geschäftszweig. Insbesondere in Yokohama, dem Tor Japans zum Westen, entstand eine Vielzahl von Fotostudios. Dort wurden Fotos und ganze Alben mit typischen Motiven angeboten. Neben Landschaften und Gebäuden wurden vor allem Menschen auf den Fotos festgehalten. Geishas, Priester und Samurai in traditioneller Kleidung sowie Handwerker und einfache Menschen, beobachtet bei ihren alltäglichen Tätigkeiten, wurden zu den beliebtesten Motiven. Auch wenn man über den künstlerischen Wert der Fotografien streiten kann – viele betrachten diese eher als Kitsch für Touristen – in jedem Falle sind sie interessante Zeitdokumente, die auch heute noch Aufmerksamkeit verdienen.

Waren es zuerst westliche Fotografen die das neue Marktsegment für sich beanspruchten, so lernten die Japaner schnell und ab 1880 wurden die meisten Fotoateliers von Einheimischen betrieben. Ein herausragender Vertreter war Kusakabe Kimbei. Wie kein anderer vermochte er in ästhetischen Bildern Aspekte des japanischen Lebens in Fotografien festzuhalten.

Kernstück des vorliegenden Buches ist – in Anlehnung an die historischen Fotoalben – eine Zusammenstellung von 30 Personenstudien aus dem Atelier des Kusakabe Kimbei. Die korrespondierenden Texte beschreiben das jeweilige Bild sowohl im historischen Kontext als auch mit Bezügen zum heutigen Leben in Japan.

In der dem Album vorangestellten Kurzbiografie Kusakabes wird die Schnelllebigkeit des Geschäftsmodells der Souvenirfotografie verdeutlicht.

Außerdem enthält das vorliegende Buch eine Beschreibung früher fotografischer Techniken und ein Kapitel über den Einfluss der wichtigsten westlichen Fotografen in Japan.

Die abschließende kommentierte Literaturübersicht soll den Leser anregen, sich weiter mit der faszinierenden Welt der Souvenirfotografie im Japan des 19. Jahrhunderts zu beschäftigen.

Klaus Lerch — Sant' Agata sui due Golfi, im April 2012

Das Leben des Kusakabe Kimbei

Sein Blick fällt auf Geishas in prächtigen Gewändern, beeindruckende Landschaften und auf die kulturell bedeutendsten Bauwerke Japans. Er blättert in seinen kostbar aufgemachten Fotoalben mit Lackdeckeln und Einlegearbeiten aus Elfenbein. Kusakabe ist stolz auf sein Lebenswerk, ein Portfolio von Fotografien, die ihm seine Kunden jahrelang aus den Händen gerissen haben.

Durch das Klingeln der Türglocke wird er jäh aus seinen Gedanken gerissen, als ein Kunde seinen Laden betritt. Als der Besucher einen Eastman-Kodak-Film und diverses Fotozubehör verlangt wird ihm schmerzlich bewusst, dass seine beste Zeit vorbei ist. Er war lange Jahre als Künstler tätig, nun fühlt er sich zum Verkäufer degradiert. Er beschließt in diesem Moment schweren Herzens, sein Geschäft aufzugeben und sich im Ruhestand der Malerei zu widmen.

Kusakabe wird im Jahre 1841 in Kofu in der Yamanashi Präfektur geboren. Seine Eltern, die den Familiennamen Matsuya tragen, sind als Tuchhändler tätig. Mit 18 Jahren zieht es Kusakabe nach Yokohama, der belebten Hafenstadt, in die nach der offiziellen Öffnung Japans im Jahre 1859 zahlreiche Europäer und Amerikaner strömen.

Kusakabe will Künstler werden und findet zunächst eine Anstellung als Kolorist bei dem Fotografen Felix Beato, der Souvenirfotografien für seine westliche Klientel anfertigt. Fasziniert von der neuen Technologie, macht sich Kusakabe mit den

Details der Fotografie vertraut und wird schließlich zum Assistenten Beatos. Durch seine Tätigkeit für den Europäer kann er seinen Horizont erweitern, so auch bei einer gemeinsamen fotografischen Expedition nach China im Jahre 1867.

In den 1870er Jahren arbeitet Kusakabe auch für den österreichischen Fotografen Raimund von Stillfried, der das Studio und Teile des Portfolios von Beato übernommen hat.

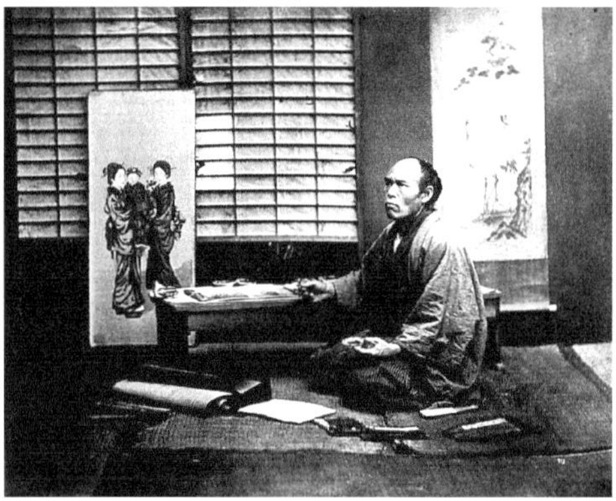

In den 1880er Jahren betreibt Kusakabe dann unter dem Namen K. Kimbei sein eigenes Studio in der Benten-Dori in Yokohama. Er hat festgestellt, dass die ausländischen Kunden seinen Vornamen Kimbei leichter aussprechen und sich einprägen können, als seinen Nachnamen Kusakabe. Die Benten-Dori war zu dieser Zeit die beliebteste Shopping-Meile der Europäer.

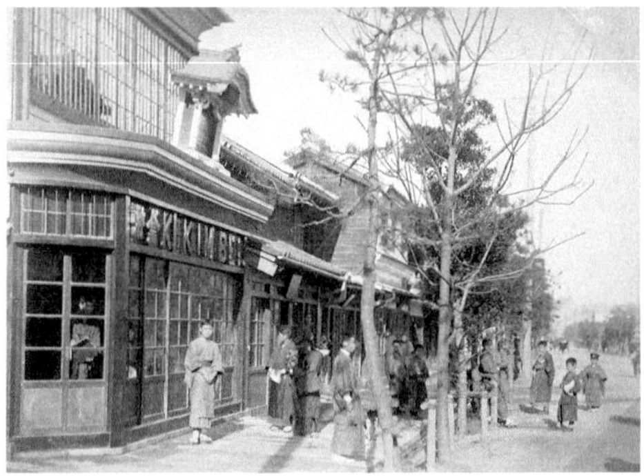

Als Raimund von Stillfried im Jahre 1881 Japan verlässt, übernimmt Kusakabe dessen Fotoplatten und auch einige von Felix Beato. Zunächst handelt er nur mit diesen Fotografien, aber schon bald kann er mit eigenen Motiven glänzen.

Kusakabe lässt sich nicht nur von westlicher Technologie faszinieren, er nimmt auch den westlichen Glauben an und lässt sich 1885 in der Kaigan-Kirche in Yokohama taufen.

1890 eröffnet er dann ein neues Studio in der Honcho-Dori, in bester Lage, ganz in der Nähe des Rathauses von Yokohama.

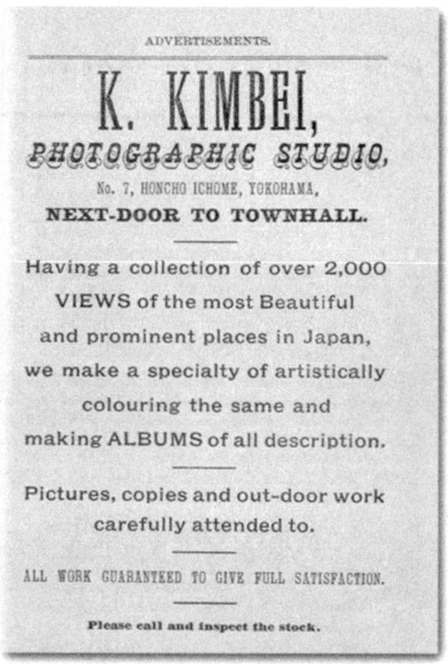

Kusakabe steigt rasch zum wichtigsten japanischen Anbieter von Souvenirfotografien auf. Im Jahre 1901 kann er mit Recht behaupten, das größte japanische Studio zu besitzen.

Der Abstieg beginnt ab 1905, als sich die Eastman-Kodak-Apparate auch in Japan immer mehr durchsetzen. Auch fotografische Laien können mit der neuen Technologie ihre Reisen dokumentieren. Der Markt für professionelle Souvenirfotografien bricht zusammen.

Kusakabe muss sich diesem neuen Trend beugen und sein Geschäftsmodell anpassen. Er bietet in seinem Studio zunehmend Fotoapparate und Zubehör an, nicht nur in seinem Geschäft in Yokohama sondern auch in der zwischenzeitlich eröffneten Filiale in Ginza, Tokio.

Als er wenige Jahre später den Beschluss fasst, sich zur Ruhe zu setzen, macht er sich auf die Suche nach einem Nachfolger. Seine Kinder, er hat zwei Söhne und eine Tochter, haben kein Interesse daran, seine Nachfolge anzutreten. Schließlich ist doch der Schwiegersohn Ogawa Sashichi bereit, sich auf die Übernahme des Fotostudios vorzubereiten. Er verstirbt jedoch jung im Jahre 1909, fünf Jahre bevor Kusakabe das Geschäft aufgibt.

Kusakabe widmet sich danach der Malerei und zieht schließlich 1930 nach Ashiya in der Nähe von Kobe, um sich von seiner Enkeltochter Uchima Tama bis zu seinem Tod im Jahre 1932 pflegen zu lassen.

Westliche Technologie war die Basis für Kusakabes Geschäftsmodell, die von ihm perfektionierten Souvenirfotografie. Bis zuletzt hat es ihn frustriert, dass eine neue westliche Technologie – basierend auf den Fotoapparaten von Eastman-Kodak – sein Geschäft zerstörte.

Genau 80 Jahre nach Kusakabes Tod schlägt dann die japanische Technologie zurück. Im Januar 2012 verfällt Eastman Kodak in Insolvenz. Dem amerikanischen Unternehmen war es nicht gelungen, die Transformation des Geschäftes hin zu der von japanischen Firmen wie Sony und Minolta perfektionierten Digitalfotografie zu vollziehen.

Ein Album mit Arbeiten von Kusakabe Kimbei

Eine Minute lang absolut still stehen, wie sollte das gehen? Worauf hatte sie sich da nur eingelassen, als sie sich entschloss, ihr gar nicht so geringes Gehalt als Kurtisane durch diesen Nebenjob als Fotomodel aufzubessern. Nun schmerzt der Rücken unter der Last der schweren Samurairüstung und immer wieder fordert Kusakabe eine Wiederholung der Aufnahme, da sie sich zu früh bewegt hat. Aber etwas Faszinierendes hat diese Tätigkeit und so kommt sie immer wieder in das Atelier des Kusakabe Kimbei, um ihr Gesicht und ihren Körper zur Verfügung zu stellen. Sie kann sich selbst betrachten, nicht nur im Spiegel sondern durch ein Bild, das nicht vergänglich zu sein scheint. Sie ahnt in diesem Moment, dass sie durch ihr Abbild unsterblich werden wird. Noch Jahrhunderte später wird man sich durch ihre Bilder das Japan des 19. Jahrhunderts vergegenwärtigen, nicht wissend, dass der abgebildete Samurai in Wirklichkeit eine Frau ist.

Bilder aus den Fotostudios von Yokohama sind in der zweiten Hälfte des 19. Jahrhunderts die wichtigsten Quellen, um den Kunden in der westlichen Welt ein Bild von Japan zu vermitteln. Die Fotografien werden meist in Form von Alben zusammengestellt und gelegentlich mit erläuternden Texten versehen. Oft stellen sich die Käufer der Souvenirfotografien die Alben selbst zusammen. Da hierbei häufig Fotos aus unterschiedlichen Studios kombiniert werden, ist später die Zuordnung der Bilder zum

Fotografen nicht immer einfach. Hinzu kommt im Falle des Kusakabe Kimbei, dass dieser in der Anfangszeit neben eigenen Fotos auch die seiner Lehrmeister und Kollegen, Felice Beato, Ogawa Kazumasa, Suzuki Shin'ichi und anderen, anbietet. In der Blütezeit des Studios von Kusakabe Kimbei offeriert dieser in seinem Katalog über 2000 verschiedene Motive.

Fast alle Personenfotos entstehen nicht in der freien Natur sondern im Studio. Dort werden bemalte Hintergründe verwendet, die oft Landschaften mit dem Mount Fuji zeigen. Grasbedeckte Böden und Steinlaternen ergänzen die künstliche Umgebung. Oftmals stehen die Darsteller aber auch einfach auf Tatamimatten vor einem neutralen Hintergrund.

Bei den abgebildeten Personen handelt es sich meist um Schauspieler, die verschiedene Berufe oder Alltagsszenen darstellen. Bei der Mehrzahl der Motive sind weibliche Darsteller zu erkennen, sogar bei typisch männlichen Motiven, wie der Samuraigruppe in Rüstung.

Aufgrund der langen Belichtungszeiten, die bei dem zu dieser Zeit vorherrschenden technischen Standard der Fotografie erforderlich sind, ermüdeten die Darsteller rasch. Nicht alle sind so glücklich wie der Darsteller des Ainu, der sich während der Belichtung auf einen künstlichen Felsen setzen darf. Anderen Personen sieht man den ermüdenden Prozess an. So wirkt die Damengruppe beim Hauskonzert gelangweilt und erstarrt. Und auch den jungen Samuraidarstellerinnen sieht man an, dass sie froh sein werden, wenn das Bild endlich im Kasten ist.

Die folgende Zusammenstellung der Fotos beginnt mit den Motiven männlicher Personen. Hier werden Samurai, Priester, Pilger aber auch ein Kuli und ein Ainu in typischer Kleidung dargestellt.

Die darauf folgenden Fotos zeigen Handwerker und Händler bei der Ausübung ihrer Berufe. Hier findet man natürliche Darstellungen, wie die des Schuhmachers, der in der Unordnung seiner Werkstatt sitzt, aber auch sichtbar gestellte Szenen, wie die des Korbmachers und des Gemüsehändlers.

Eine Besonderheit stellen die Familienmotive dar, auf denen ausnahmsweise auch Kinder abgebildet werden. Hier war wohl bei der Aufnahme besondere Disziplin erforderlich, um die langen Belichtungszeiten zu überstehen.

Die darauf folgenden Abschnitte zeigen ausnahmslos Darstellerinnen.

Zunächst eine Reihe von Motiven, bei denen die Verrichtung häuslicher Tätigkeiten gezeigt ist. Es folgen Darstellungen leiblicher Genüsse wie Tee trinken und Nudeln essen und schließlich wird die Unterhaltung durch Musik, Tanz und Gesellschaftsspiele visualisiert.

Weibliche Anmut dominiert das abschließende Segment, in dem Geishas in prächtigen Gewändern zu sehen sind.

Machen Sie sich auf die Reise durch das Japan des 19. Jahrhunderts, so wie Kusakabe Kimbei es sah oder wie er glaubte, dass seine westlichen Kunden es sehen wollten.

Pilger auf dem Weg zum Berg Fuji

„Wer einmal auf den Fuji-san steigt ist weise. Wer ihn zweimal besteigt ist ein Narr“. So lautet ein altes japanisches Sprichwort.

Der Berg wird aufgrund seiner isolierten Lage in einer ebenen Landschaft und seiner Symmetrie als der schönste der Welt bezeichnet. Im Shintoismus gilt der Fuji-san neben dem Tate-yama und dem Haku-san als einer der drei heiligen Berge Japans.

Im Jahre 663 soll ihn zum ersten Mal ein Mönch bestiegen haben. In der Folgezeit wanderten unzählige Pilger auf den heiligen Berg, da der beschwerliche Weg zum Gipfel eine Vergebung der Sünden versprach.

Die Tracht der Wallfahrer bestand damals aus hellen Jacken, ebensolchen Hosen, weißen Strümpfen und Strohsandalen. Die Häupter der Pilger wurden von riesigen Strohhüten beschattet. Zu der Ausrüstung gehörten noch ein mächtiger Bergstock sowie Gebetsketten und kleine Schellen, mit denen sie auf ihrem Zug fortwährend klingelten.

Bis ins 19. Jahrhundert war es Frauen verboten, den Fuji-san zu besteigen. Heutzutage gleicht die Besteigung des Fuji-san nicht mehr einer heiligen Handlung. Man fühlt sich vielmehr Teil als einer Völkerwanderung, wenn jährlich mehr als 200.000 Menschen sich auf den Weg zum Gipfel machen.

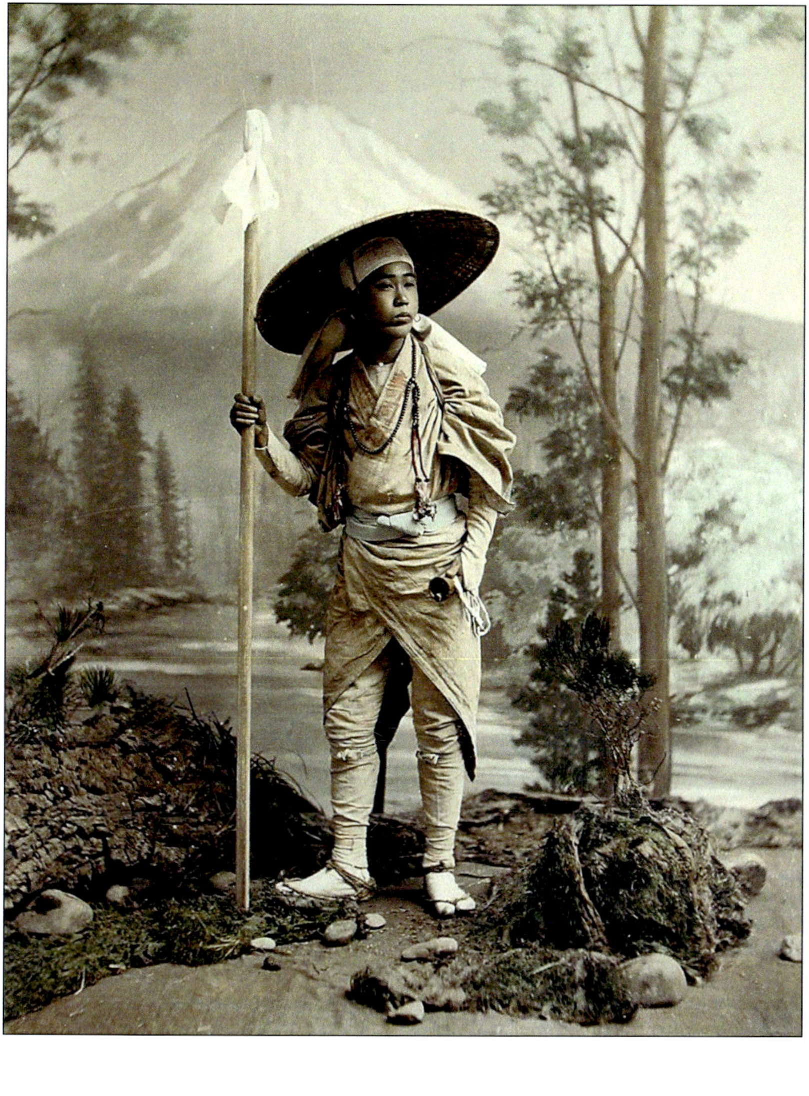

Ainu

Die Ureinwohner Nord-Japans sehen anders aus als die Japaner, die wir kennen. Auffälligster Unterschied sind die langen Vollbärte. Daneben weichen aber auch die helle Haut und die runden Augen mit fehlender mongolischer Lidfalte ab.

Die Ainu-Gesellschaft war ursprünglich strikt zweigeteilt. Die Männer waren als Sammler, Jäger und Fischer zuständig für die Ernährung der Gemeinschaft. Die Frauen waren vorwiegend spirituell tätig und betätigten sich als Ahnenbeschwörerinnen und Heilerinnen.

Die Ainu auf Hokkaido gerieten Ende des 16. Jahrhunderts erstmals unter japanischen Einfluss. Aber erst in der zweiten Hälfte des 19. Jahrhunderts wurde Hokkaido in größerem Umfang von Japanern besiedelt. Die traditionelle Kultur der Ainu wurde danach immer weiter zurückgedrängt. Viele Ainu teilten schließlich das Schicksal der Ureinwohner anderer Länder, wie der amerikanischen Indianer und australischen Aborigines: Sie endeten in Armut und Alkoholismus.

Erst im Jahre 2008 wurden die Ainu in einer Resolution des japanischen Parlaments als kulturell eigenständiges Volk anerkannt. Die Zahl der Ainu wird heute mit 25.000 angegeben, davon sind aber wohl nur weniger als 300 reine Ainu. Ein Volk, das vom Aussterben bedroht ist.

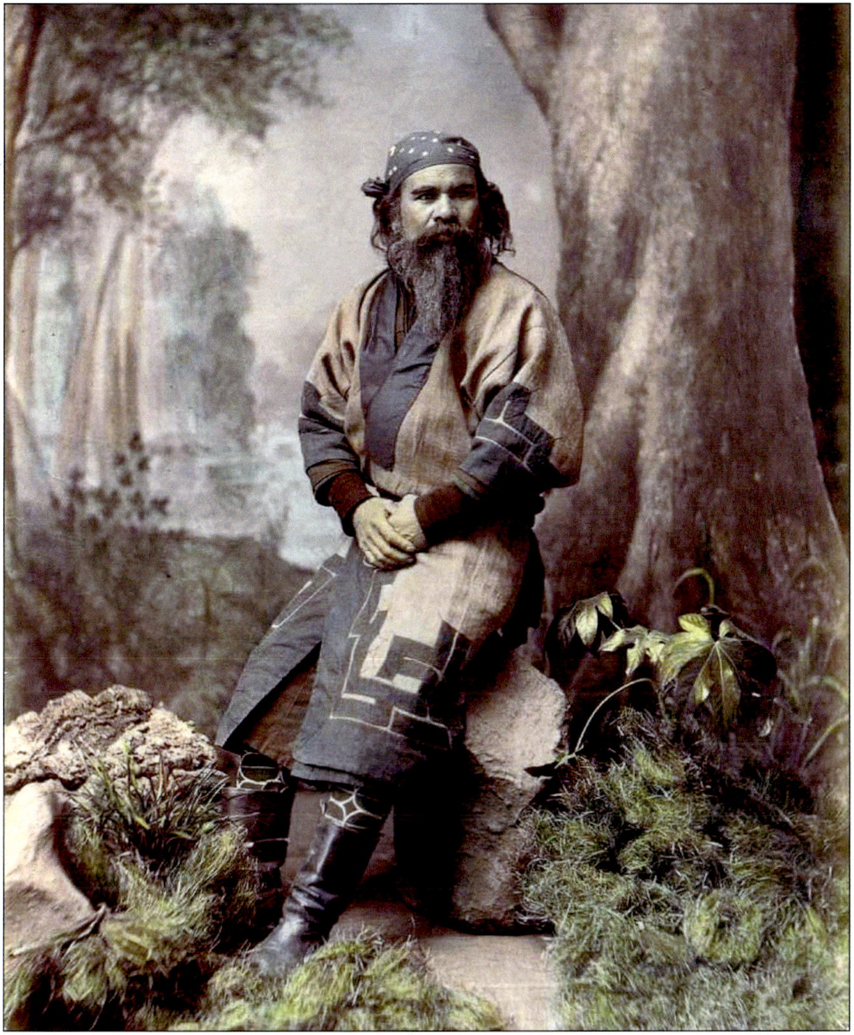

Kuli im Regenmantel

Kulis oder im Englischen „Coolies“ sind ostasiatische Tagelöhner, die für wenig Geld schwere Arbeit auf Plantagen oder in den Städten als Lastträger verrichten.

Das Wort Kuli hat seinen Ursprung im Tschagataischen, einer osttürkischen Literatursprache. Auch in der modernen türkischen Sprache bedeutet „kul“ Sklave oder Knecht.

1727 bezeichnete der deutsche Arzt und Forschungsreisende Engelbert Kämpfer erstmals Arbeiter, die im Hafen von Nagasaki niederländische Handelsschiffe entluden, als Kulis.

Nomen est Omen. Der abgebildete Coolie sieht wirklich cool aus mit seinem Regenmantel aus Stroh und der Pfeife zwischen seinen Zähnen.

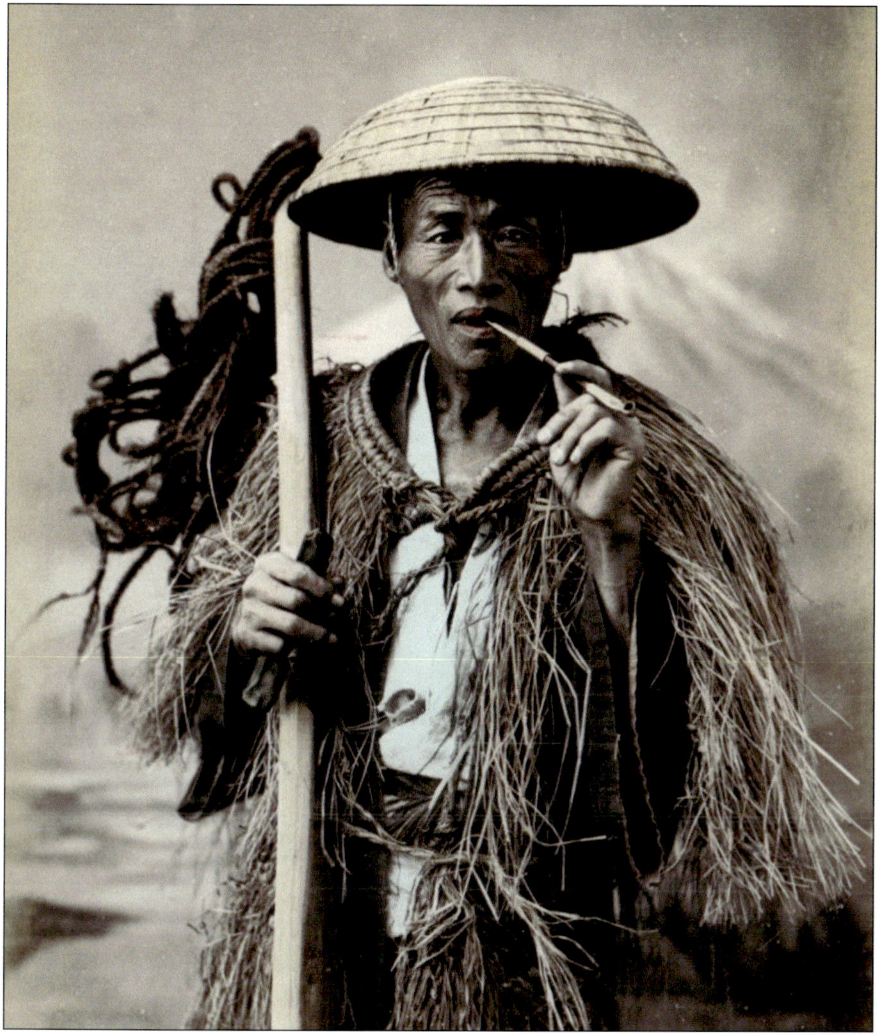

Samurai in Rüstung

Die Samurai waren Japans Ritter. Vor über 1000 Jahren begann ihr Aufstieg. Sie dienten den Shogunen, den eigentlichen Herrschern Japans. Treue und Mut gehörten zu den wichtigsten Tugenden des Bushido, des Ehrenkodex der Samurai.

700 Jahre lang nahmen die Samurai eine dominierende Stellung in der japanischen Gesellschaft ein. Erst im 17. Jahrhundert, mit dem Beginn der friedlichen Edo-Periode, verloren sie an Bedeutung. Nach der Öffnung Japans zum Westen im 19. Jahrhundert ging dann die Zeit der Samurai endgültig zu Ende. Der Kaiser entmachtete die Krieger und verbot ihnen das Tragen von Waffen. Viele Samurai ließen sich vor Inkrafttreten des Verbots von den Fotografen ein letztes Mal in Ihrer Rüstung und mit traditionellem Haarschnitt ablichten.

Bei den von Kusakabe abgebildeten Personen handelt es sich dagegen nicht um echte Samurai sondern um (weibliche!) Darsteller, die in die Rolle der Krieger schlüpften. Sie sehen wenig furchteinflößend aus, die Blicke erscheinen eher ängstlich als entschlossen. Fast fühlt man sich an die Blechbüchsenarmee aus der Augsburger Puppenkiste erinnert.

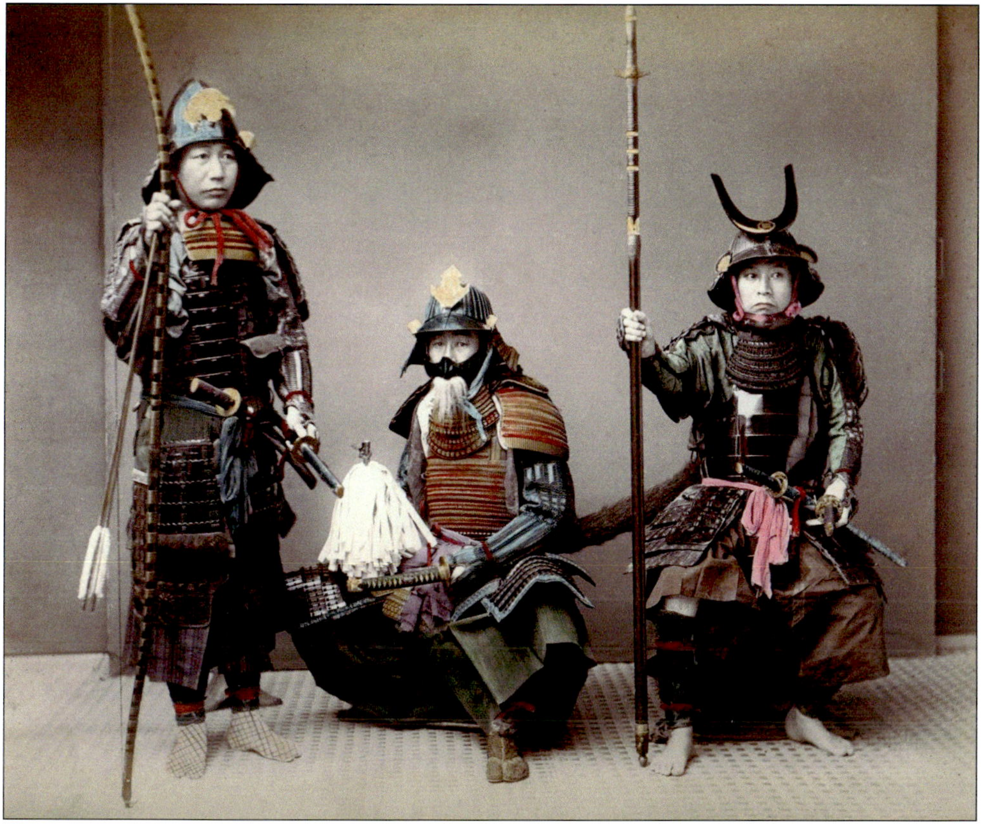

Junger Samurai

Der Samurai hat seinen Helm abgenommen und posiert neben Pfeil und Bogen. Ohne den Helm sind die weichen Gesichtszüge des jungen Kriegers zu erkennen.

Die Ausbildung der Samurai, bei der vor allem Schmerzunterdrückung und Körperbeherrschung geschult wurden, begann bereits im frühen Kindesalter. Auf dem Weg eines jungen Mannes zum Samurai war es üblich, dass sich ein erfahrener Samurai über mehrere Jahre ausschließlich um den einen Schüler kümmerte. Schüler und Lehrer lebten zusammen in einer „Wakashudo“ genannten Beziehung. Diese weist starke Parallelen auf zur Päderastie im antiken Griechenland. Nach Ende der Ausbildung Samurai ging das pädagogisch-erotische Verhältnis zwischen Lehrer und Schüler dann in eine platonische Beziehung über.

Mit Abschluss der Ausbildung erhielt der Samurai Waffen und Rüstung und legte seinen ursprünglichen Namen ab.

Heute gibt es zwar keine Samurai mehr, die Tugenden des Bushido – Aufrichtigkeit, Mut, Güte, Höflichkeit, Wahrhaftigkeit, Ehre und Loyalität – haben aber immer noch einen hohen Stellenwert in der japanischen Gesellschaft.

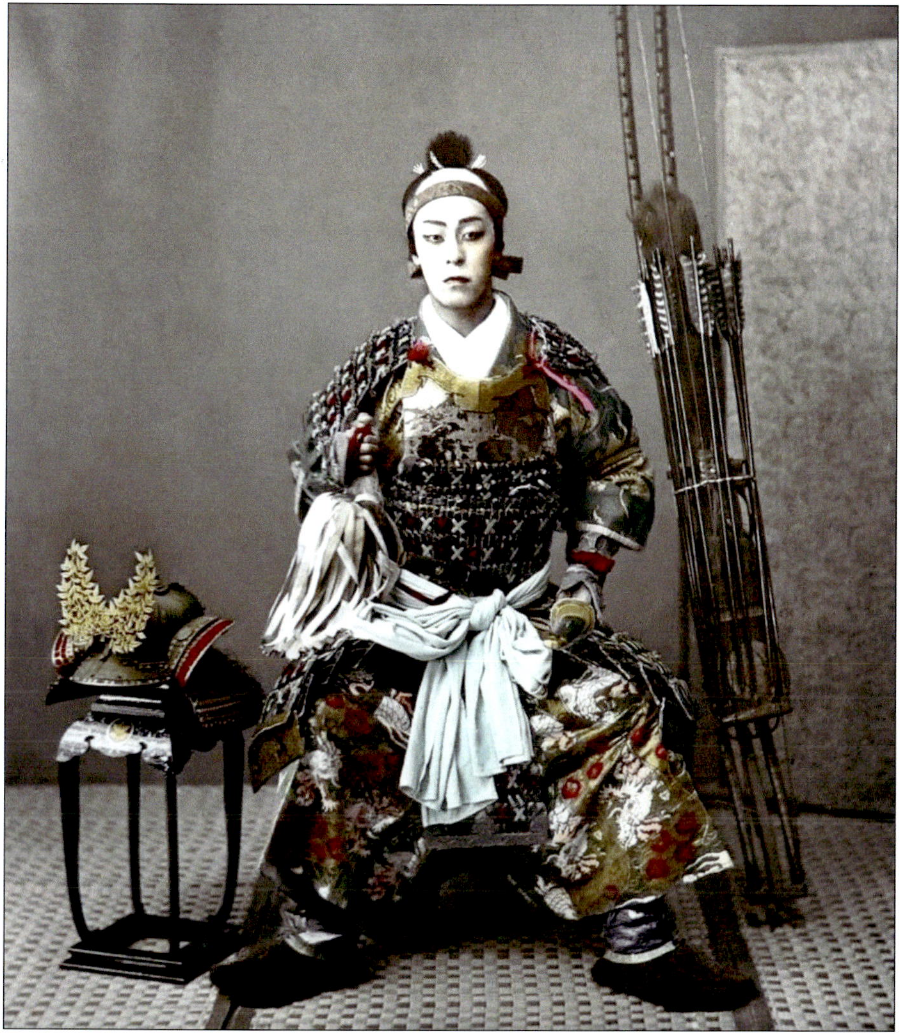

Shinto-Priester beim Go-Spiel

Shinto – der Weg der Götter – ist eine fast ausschließlich in Japan praktizierte Religion.

Shinto-Priester sind in erster Linie Ritualisten. Ihre wichtigste Aufgabe besteht im Abhalten von religiösen Zeremonien und nicht – wie in der christlichen Religion - im Predigen und der moralischen Unterrichtung der Gemeinde.

Die Rituale der Shinto-Priester haben meist mit Schutz vor Gefahren zu tun und gehen in der heutigen Zeit bis hin zu Weihezeremonien für neue Autos.

Das ursprünglich aus China stammende Go-Spiel ist von hoher Komplexität und regt zur Meditation an. Die Verbesserung der Spielstärke ist eine Lebensaufgabe.

Den Gipfel der Popularität erlebte das Go-Spiel in Japan in der Edo-Periode im 17. Jahrhundert als der Tokugawa-Shogun sogar den Posten eines „Go-Ministers" besetzte.

Heute gibt es in Japan schätzungsweise 10 Millionen Go-Spieler, während sich in Deutschland kaum mehr als 10.000 Menschen mit diesem Spiel beschäftigen.

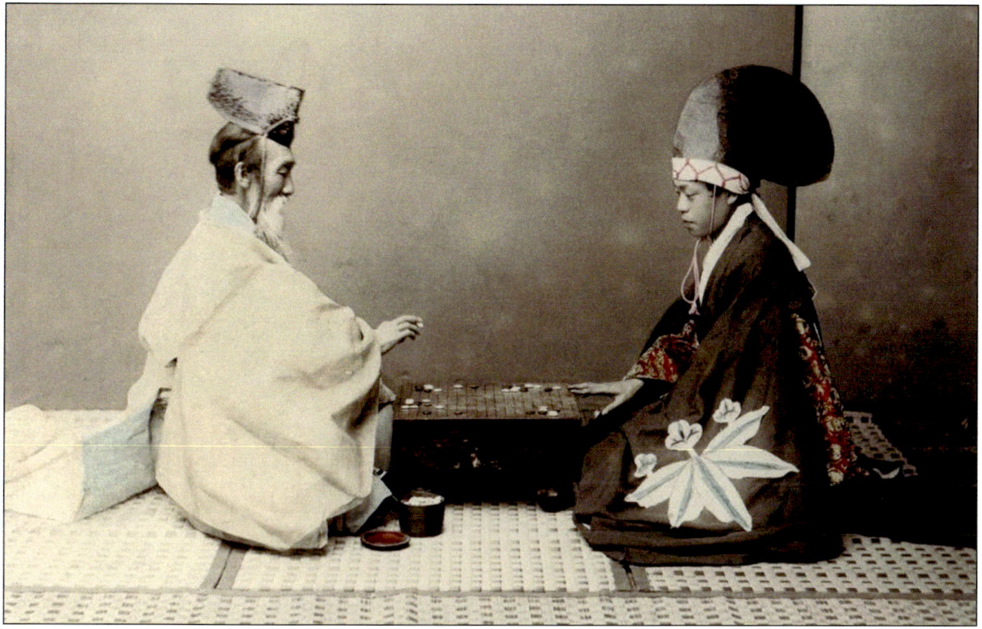

Schuhmacher

Der Schuhmacher hockt auf dem Boden und fixiert das Fußbett der Holzsandale mit seinen Zehen, während er die Form mit Hammer und Beitel vollendet. Eine Arbeitshaltung, die nicht gerade den heutigen Sicherheitsvorschriften entspricht.

Geta – japanische Holzsandalen – bestehen aus einem hölzernen Fußbett, zwei ebenfalls hölzernen Absätzen und einem Riemen. Typisch sind die hohen Absätze, die den Träger vom Erdboden abheben und damit vor Schlamm und Unrat schützen, die im Japan des 19. Jahrhunderts die Wege bedeckten.

In der heutigen Zeit hat die Ipponba-Geta – eine Variante mit nur einem hölzernen Quersteg – in die westliche Wellness-Szene Einzug gehalten, da sie die Körperbalance und die Beinmuskulatur trainiert.

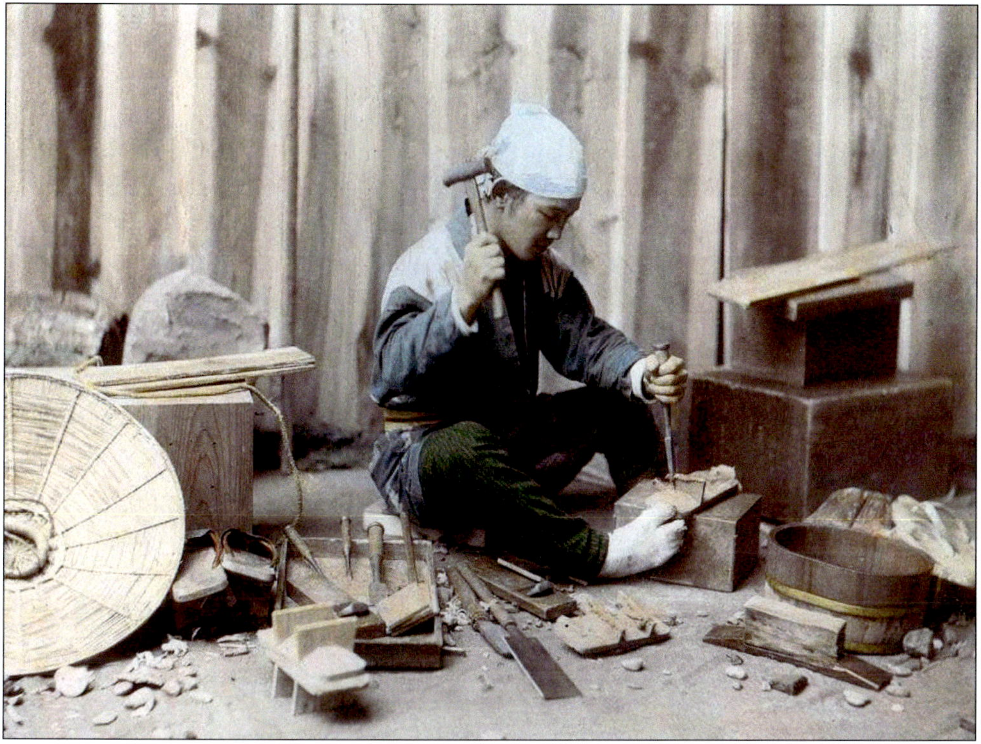

Korbmacher

Der Handwerker stellt sein Sortiment zur Schau, das überwiegend aus geflochtenen Körben und Besen besteht.

Der Hut des Korbmachers stammt vermutlich aus eigener Fertigung. Diese aus Stroh geflochtene Kopfbedeckung bietet Schutz vor Sonne und Regen und wird auch heute noch von Landarbeitern in Asien getragen.

Auch Bambusdämpfer finden sich in dem Angebot des Korbmachers. Heute sieht man diese Gefäße auch gelegentlich in europäischen Küchen, wo sie zur Zubereitung chinesischer Gerichte wie Dim Sum verwendet werden.

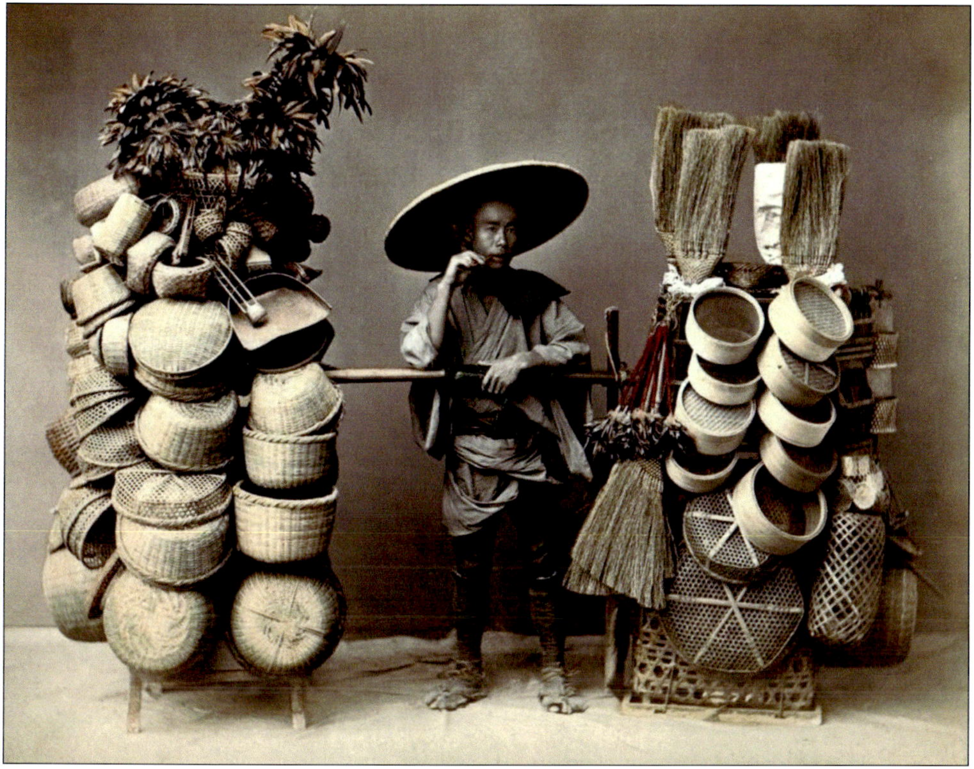

Gemüsestand

Das breite Angebot aus Obst und Gemüse, das der Händler und seine Tochter zusammengestellt haben, findet sich auch heute noch an den Verkaufsständen der japanischen Märkte. Der Daikon-Rettich wird gekocht als Oden-Gericht oder eingelegt als Tsukemono. Süßkartoffeln werden als Tempura frittiert und die Nashi-Birne als Nachtisch gereicht. Die japanische Küche ist kalorienarm und nährstoffreich. Dass viele Japaner ein hohes Alter erreichen, wird auch auf die gesunde Ernährung zurückgeführt.

Das Einkaufsverhalten der Japaner treibt manchmal seltsame Blüten. Nach dem verheerenden Erdbeben und der anschließenden Reaktorkatastrophe in Fukushima im Jahre 2011 fand man in Tokio einen Markt, auf dem ausschließlich Obst und Gemüse aus der Katastrophenregion verkauft wurde. Die Japaner rissen den Verkäufern die Birnen und Kohlköpfe förmlich aus der Hand – obwohl sie wussten, dass die Ware aus Fukushima stammte. Die Käufer glaubten den Händlern, die behaupteten, dass die Produkte strengstens kontrolliert wurden. Dennoch ein in zweifelhaftes Zeichen der Solidarität.

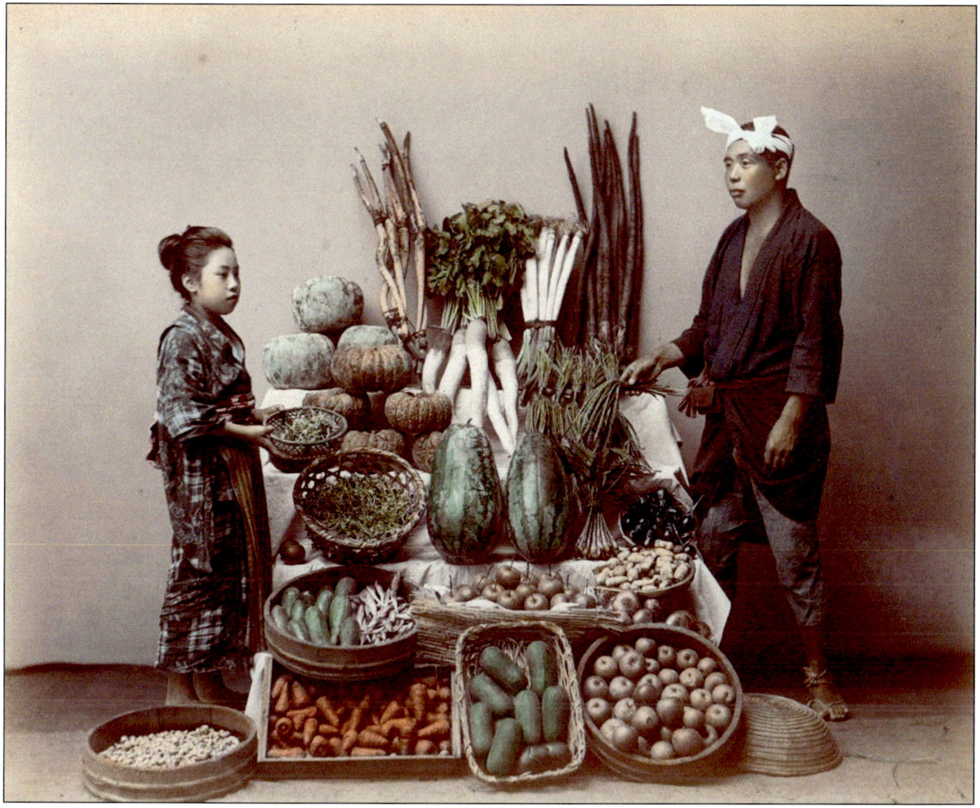

Gemüsehändler

Neben den festen Marktständen fanden sich im Japan des 19. Jahrhunderts auch fliegende Händler, die ihr Sortiment zu den Kunden trugen.

Gemüse wird in Japan vor allem im Winter als sauer eingelegtes Tsukemono verzehrt. Am häufigsten werden hierzu Gurken, Auberginen, Chinakohl und Rettich verarbeitet.

Obst wird in Japan nur wenig angebaut. Aufgrund der Einfuhrzölle und der von den Verbrauchern geforderten hohen Qualität, ist Obst in Japan sehr teuer. Dies gilt insbesondere für das hochwertige Obst, das in speziellen Läden in Geschenkverpackung angeboten wird. Da kann eine würfelförmige Wassermelone schon mal bis zu 100 Euro kosten.

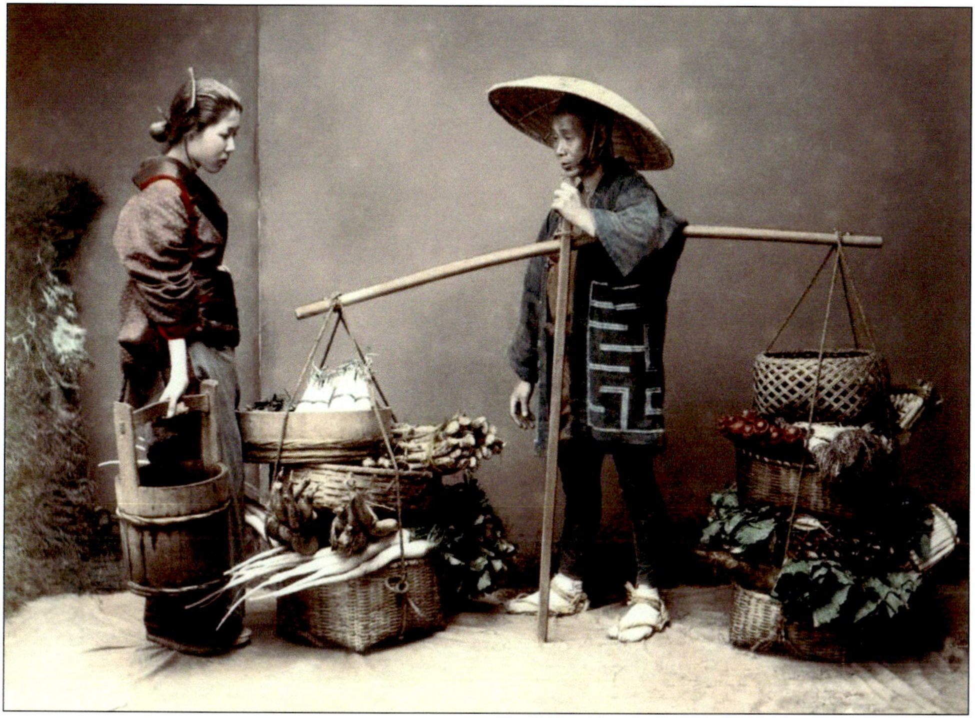

Bauer mit Frau

Da ist er wieder zu sehen, der Regenmantel aus Stroh, den wir schon beim Kuli bewundern konnten.

Im Japan des 19. Jahrhunderts bauten die meisten Bauern Reis an. Beim Reisanbau wird das Feld im Frühling gepflügt. Anschließend wird Wasser auf das Reisfeld gelassen. Reis sät man nicht wie Getreide auf den Feldern. Bevor der Bauer den Reis pflanzt, zieht er zu Hause aus dem Samen kleine Reispflanzen. Diese werden dann in der Regenzeit in die Reisfelder umgebettet. Im Sommer lässt man morgens das Wasser von den Reisfeldern abfließen, abends wird wieder gewässert. Im Herbst erntet man den Reis, und das Stroh bleibt übrig. Das Stroh wird verwendet, um Reisstrohmatten und Regenumhänge herzustellen.

Im heutigen Japan gibt es fast keine Vollerwerbsbetriebe mehr, da es den Bauern schwer fällt, nur mit der Landwirtschaft den Lebensunterhalt zu verdienen. Junge Japaner wollen nicht mehr in der Landwirtschaft arbeiten, junge Japanerinnen keinen Bauernsohn heiraten.

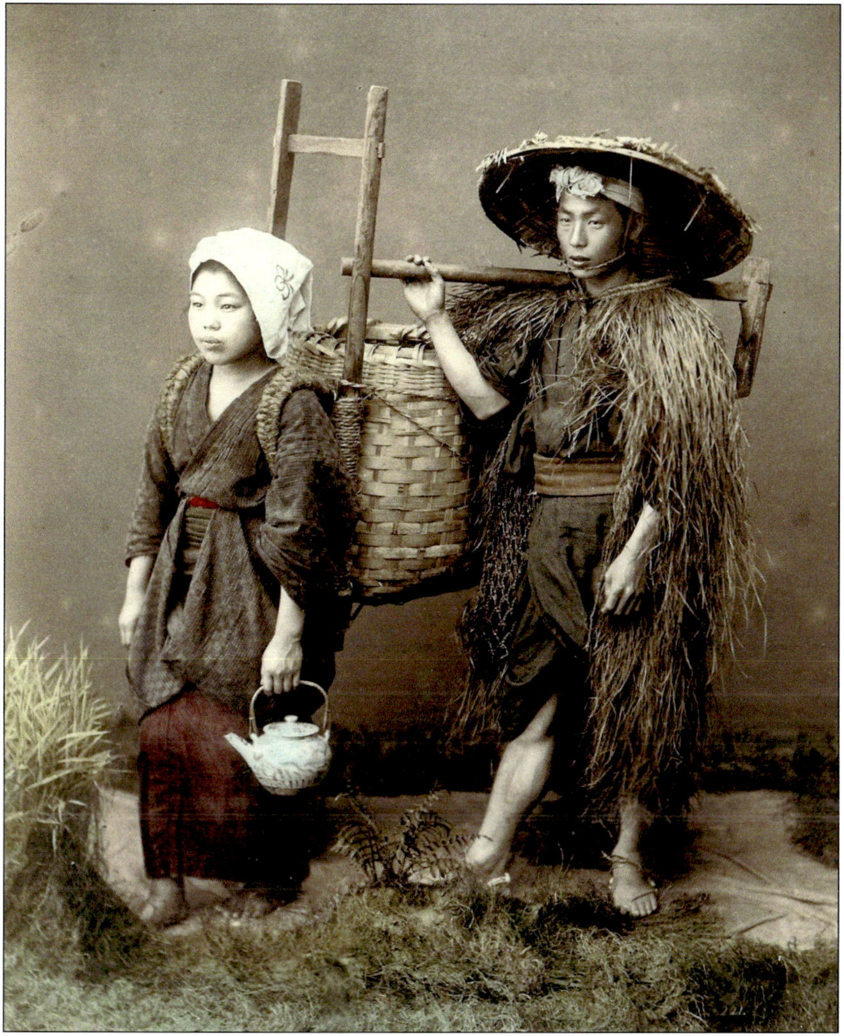

Umzug

Die junge Familie macht sich auf den Weg in eine neue Wohnung.

Neben der Umzugskiste, in dem sich die Habseligkeiten der Familie befinden, trägt der Vater ein Rollbild. Sperrige Bilderrahmen kennt man in Japan praktisch nicht. Alles ist aufrollbar und auf engstem Raum verstaubar. Nicht nur der Wandschmuck, auch die Betten – in Form von Tatamimatten – werden in Japan aufgerollt und tagsüber im Wandschrank verstaut.

Die Mutter verwendet den Besen als Tragehilfe. Reinlichkeit wird in japanischen Wohnungen groß geschrieben. Da man oft auf dem Boden eines einzigen Raumes lebt, isst und schläft, ist es selbstverständlich, dass Schuhe vor dem Betreten der Wohnung ausgezogen werden. Die gilt auch heute noch, selbst in den westlich eingerichteten Wohnungen der modernen Großstädte.

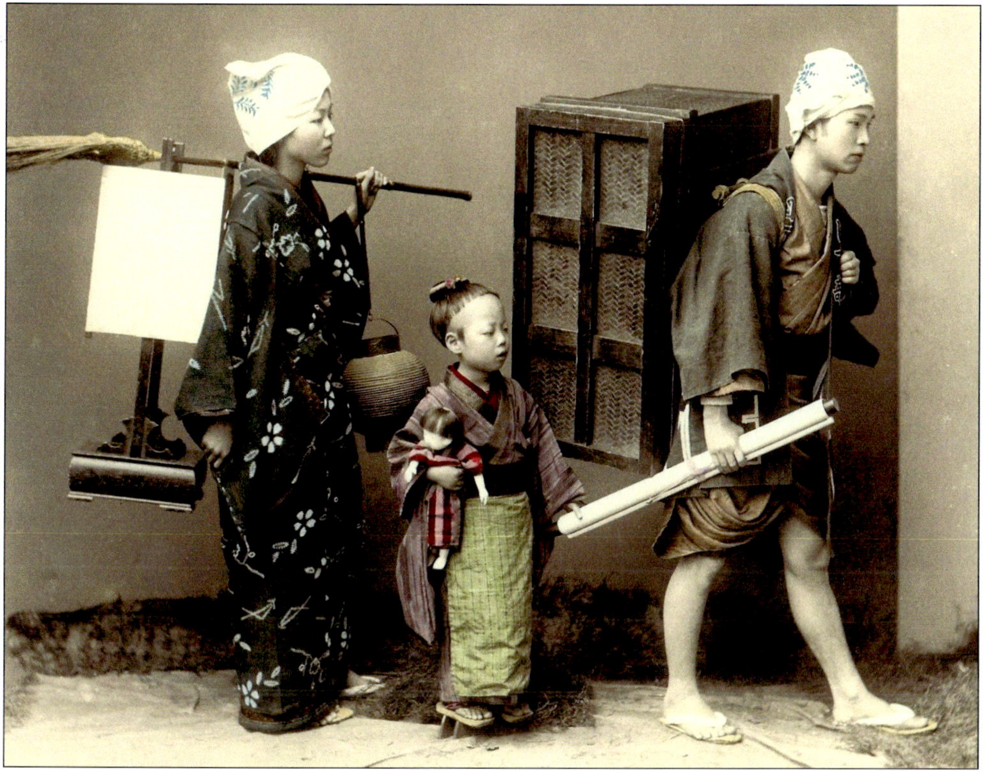

Kinder

In Japan werden kleine Kinder wie Götter verehrt, sie haben absolute Narrenfreiheit und dürfen alles. Das galt früher und hat sich in der heutigen Zeit kaum geändert.
Aber nur bis zur Einschulung dürfen die japanischen Kinder machen, was sie wollen. Danach ist der Spaß vorbei. Das japanische Schulsystem zählt heute zu den schwierigsten weltweit, mit nahezu militärischem Drill und anspruchsvollsten Prüfungen. Ziel ist für viele ein Studium an den staatlichen Hochschulen von Tokio und Kyoto, da den Absolventen eine zukunftssichere Laufbahn als elitäre Beamte winkt.
Um dieses Ziel zu erreichen fördern manche Eltern die Kinder mit allen zur Verfügung stehenden Mitteln, bis hin zum Training von Babys im Mutterleib. Dabei werden durch Druck durch die Bauchdecke auf bestimmte Körperregionen Nerven gereizt. Dadurch sollen bestimmte Gehirnregionen gefördert werden. Nachweise für die Wirksamkeit solcher Maßnahmen gibt es allerdings nicht…

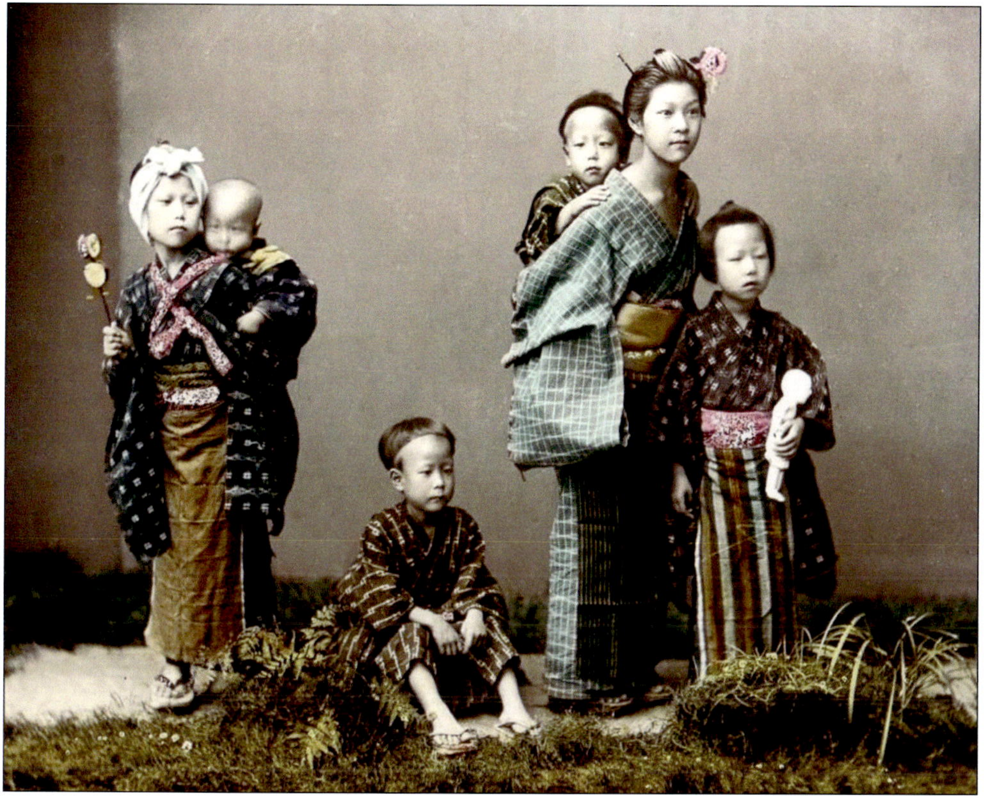

Seide weben

Seide kennt man seit mehr als 5000 Jahren. Der chinesische Kaiser Fu Xi schlug 3000 v. Chr. als erster die Verwendung von Seidenraupen zur Herstellung von Gewändern vor. Von China aus nahm die Erfolgsgeschichte der Seide als einer der edelsten Naturstoffe ihren Lauf und so kam die Technologie der Seidenherstellung einige Jahrhunderte später auch nach Japan.

Die Verwendung mechanischer Webstühle kennt man seit Anfang des 18. Jahrhunderts. Bei der Herstellung von Seidenstoffen verkreuzt man Kettfäden und Schussfäden, wobei die Kettfäden durch Schäfte abwechselnd gehoben und gesenkt werden. Für die Bildung von Mustern werden einzelne Kettfäden übersprungen. Aufgrund der komplizierten Herstellung sind aufwendig gemusterte Stoffe ausgesprochene Luxusartikel. Seide war deshalb im Japan des 19. Jahrhunderts ein nur in höheren Ständen gebräuchlicher Kleidungsstoff.

Auch heute zahlt die Japanerin für einen hochwertigen Seidenkimono den Preis eines Kleinwagens.

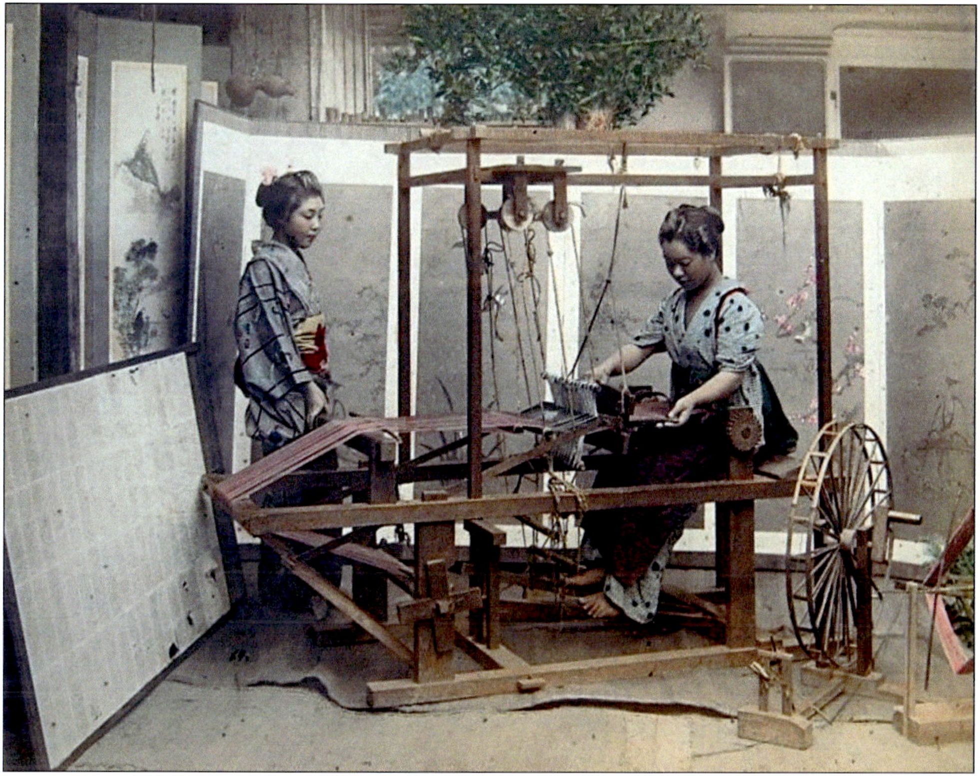

Tee sortieren

Der klassische japanische Tee ist Matcha, ein zu Pulver zermahlener Grüntee. Neben der intensiv grünen Farbe zeichnet ihn ein süßlicher, in späteren Pflückungen herber Geschmack aus. Matcha-Tee weist einen besonders hohen Koffeingehalt auf. Von manchen wird Matcha als der gesündeste Tee der Welt bezeichnet.

Die klassischen japanischen Anbaugebiete für Matcha-Tee sind in Nishio in der Nähe von Nagoya und in Uji bei Kyoto. Die Matcha-Teesträucher werden vier Wochen vor der Ernte beschattet. Die Teepflanze kompensiert den Verlust des Sonnenlichtes durch eine intensive Produktion von Chlorophyll, wodurch ein tief dunkelgrünes Blatt entsteht. Nach Ernte und Trocknung werden die Teeblätter in Steinmühlen zu einem feinen Pulver zermahlen. Der Herstellprozess ist aufwendig. Matcha ist eine besonders edle und hochpreisige Teesorte.

Heute wird Matcha auch als Rohstoff in der Lebensmittelindustrie verwendet. Wem es schmeckt, der kann Matcha in Form von Eiscreme, Keksen, Kuchen und Schokolade genießen.

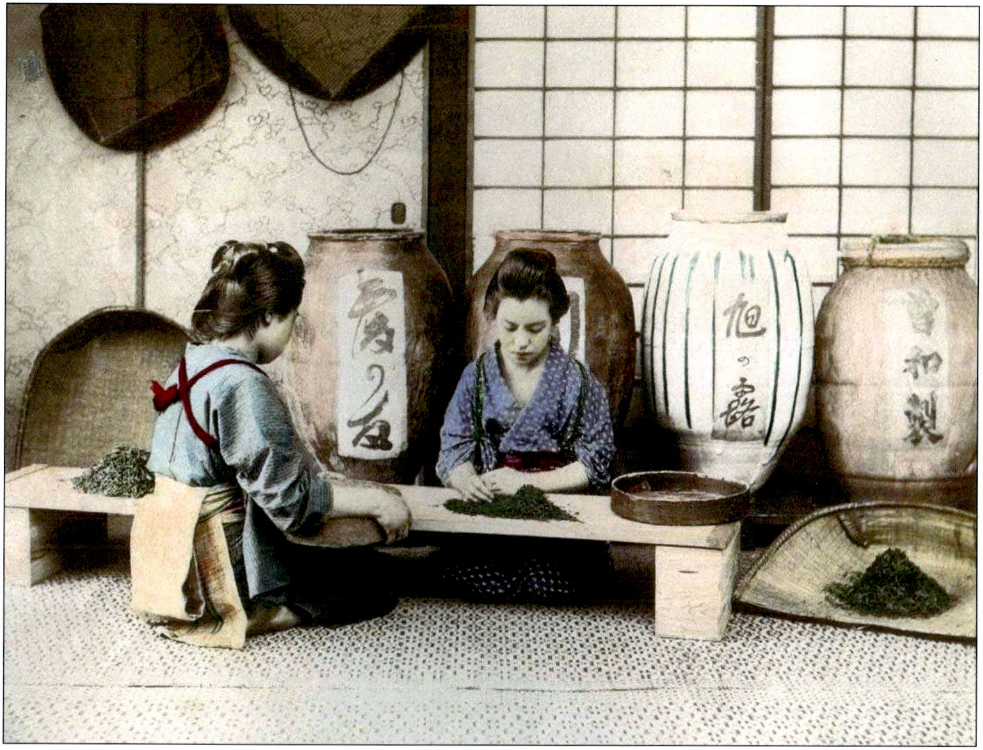
旭の露

Briefe schreiben

In Japan ist nicht nur der Inhalt sondern auch die Ästhetik des Schreibens von Bedeutung. Als „Shodo" bezeichnet man die nach Japan übernommene chinesische Kalligraphie. Wörtlich übersetzt heißt Shodo „der Weg des Schreibens". In Japan hatte die Kalligrafie immer einen hohen Stellenwert im gesellschaftlichen und künstlerischen Leben.

Als Werkzeuge verwendet man traditionell Pinsel, Tuschestange und Reibestein. In Japan schreibt man statt in waagerechter Zeilen von oben nach unten, die Spalten werden von rechts nach links angeordnet.

Die Schrift der modernen japanischen Sprache besteht aus den aus dem Chinesischen übernommenen Kanji-Zeichen und aus den Silbenalphabeten Hiragana und Katakana, die in Texten parallel verwendet werden. Wichtigste Bestandteile der Schrift sind die Kanji-Zeichen, die eine eigenständige Bedeutung haben.

Bei Bedarf lassen sich japanische Texte mit hoher Geschwindigkeit querlesen. Da man mit wenigen Kanji komplexe Begriffe darstellen kann, ist es möglich, durch Springen von Kanji zu Kanji unter Nichtbeachtung der anderen Zeichensysteme den Sinn eines Textes rasch zu erfassen.

Gebildete Japaner beherrschen über 5.000 Kanji-Zeichen, es gibt allerdings über 50.000.

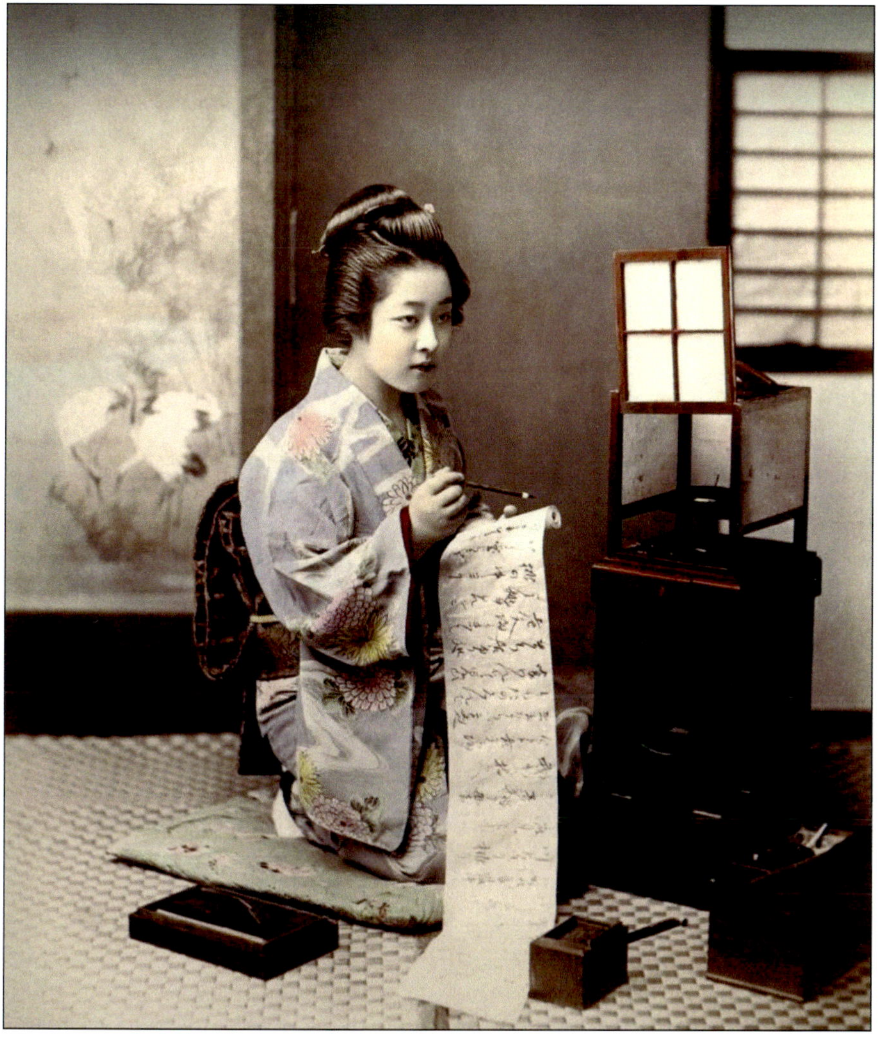

Ankleiden

Das Anlegen eines Kimonos ist eine Kunst und lässt sich ohne die Hilfe einer zweiten Person kaum bewerkstelligen. Zur Hand gingen früher Familienmitglieder oder Kolleginnen. In den Wohnhäusern einer Gemeinschaft von Geishas übernahm dies oft auch ein Otokushi, ein eigens dafür ausgebildeter Ankleider.

Traditionelle Bestandteile der Unterkleidung sind der Nagajuban – ein Unterrock – und ein Eri genannter, oft reich bestickter Kragen. Der Kimono wird auf die richtige Länge gebunden, so dass eine Schleppe erhalten bleibt. Kimonos haben Einheitsgrößen. Durch das Binden werden sie der Größe der Trägerin angepasst. Das Komplizierteste beim Anlegen eines Kimonos ist das Binden des Obi, eines breiten Gürtels, der mehrmals um den Körper geschlungen und mit verschiedenen Bändern befestigt wird. Am Rücken wird der Obi schließlich mit einem Kissen, dem Obi-makura ausgepolstert.

Im heutigen Japan werden Kimonos fast nur noch zu festlichen Anlässen, wie zum Beispiel bei Hochzeiten und beim Kischblütenfest, getragen.

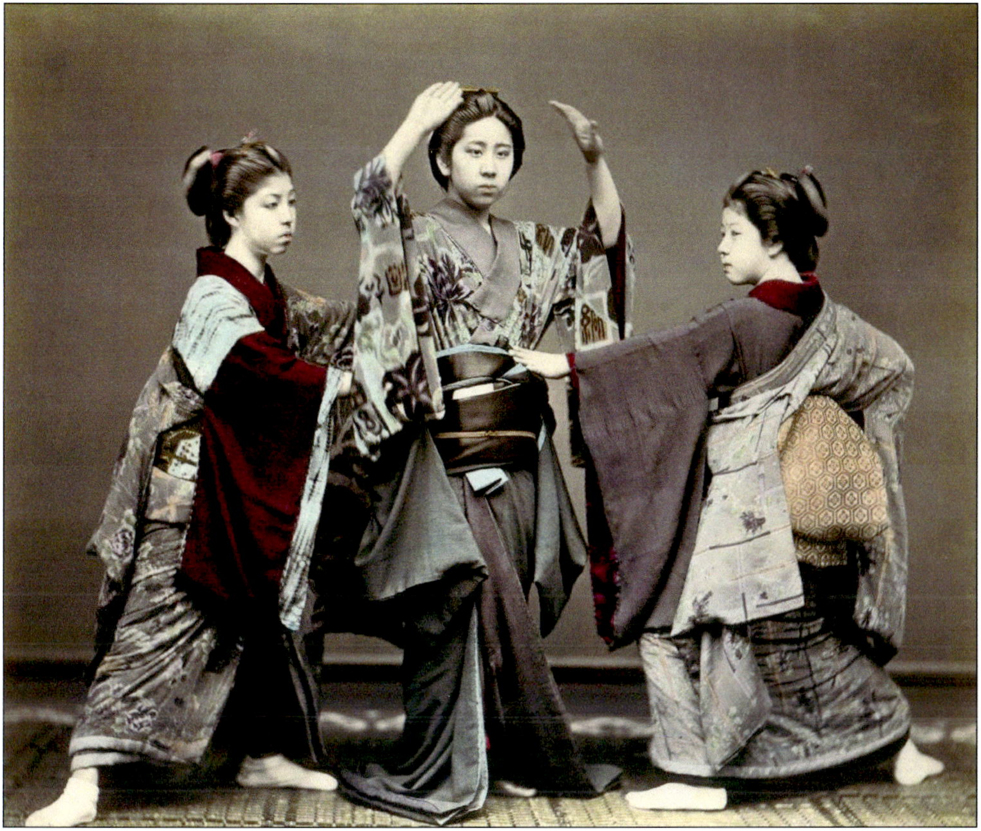

Haarschnitt

Haare haben in Japan seit jeher eine besondere Bedeutung. Früher sprach man ihnen sogar magische Kräfte zu. Geister wurden mit losem, wirrem Haar dargestellt, Fürsten oder Krieger dagegen mit perfekten Frisuren.

Gerade für die Japanerinnen ist der Haarschnitt natürlich in erster Linie ein Schönheitsattribut, das im Laufe der Jahrhunderte ganz unterschiedliche Variationen durchlaufen hat. Trendsetter im 18. und 19. Jahrhundert waren berühmte Geishas und bekannte Kabuki-Schauspieler. Die von ihnen auf Plakaten und Bildern präsentierte Mode verbreitete sich rasch in der Bevölkerung.

Die westliche Frisurenmode gelangte nach der Öffnung Japans Mitte des 19. Jahrhunderts nach Japan. Nun waren kurze Haarschnitte angesagt. Bei der männlichen Bevölkerung musste 1871 mit einem Gesetz nachgeholfen werden, in dem das Abschneiden des traditionellen Zopfes nahegelegt wurde.

Heutzutage findet man neben dem klassischen dunklen Kurzhaarschnitt auch zunehmend gefärbte Haare, wobei keine Facette der Farbpalette ausgespart wird.

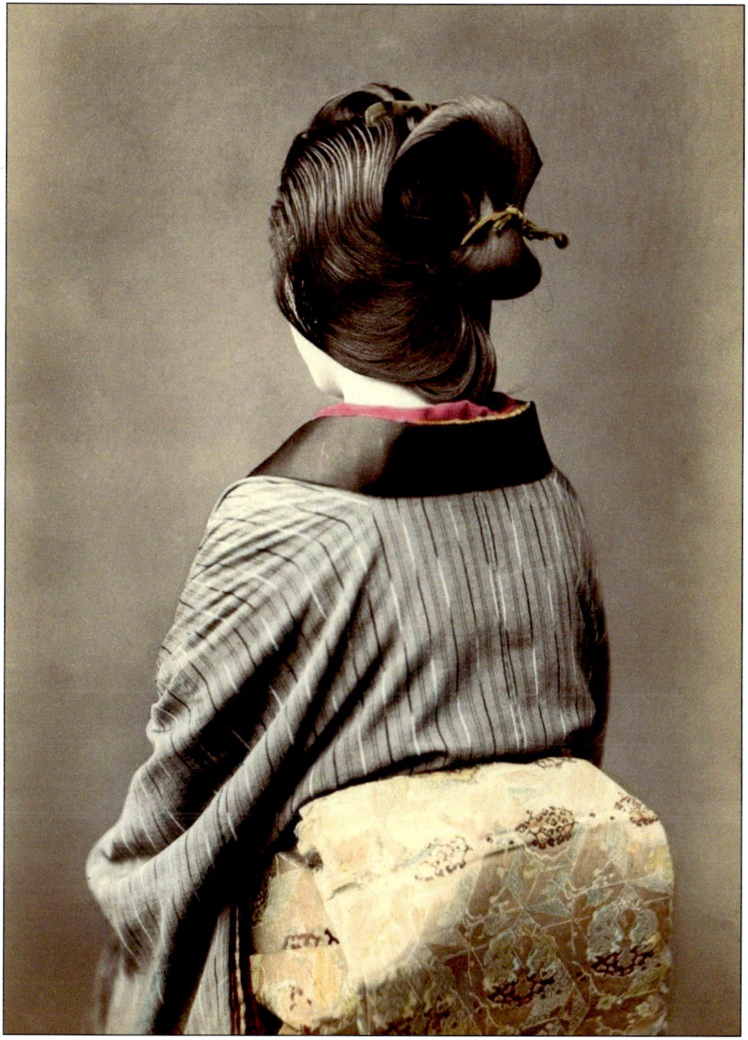

Frisieren

Gegen Ende des 18. Jahrhunderts wurde in Japan erstmals von professionellen Friseuren berichtet, die sich der Pflege und Gestaltung der weiblichen Haarpracht widmeten.

Ein Haarschnitt galt in Japan lange Zeit als ein kunstvolles Gebilde, das handwerklich wunderschön gearbeitet wurde und von hohem Wert war. Das Kunstwerk wurde durch Haarpfeile und Zierkämme aus Bambus, Schildplatt oder Elfenbein zusammengehalten.

Die Erneuerung einer derart aufwendigen Frisur dauerte mehrere Stunden und war nicht an jedem Tag zu bewerkstelligen. Um die Zerstörung des Haarschnitts während des Schlafes zu vermeiden, wurden Nackenstützen verwendet. Sicher hilfreich für den Erhalt der Frisur, der Nachtruhe aber wohl wenig förderlich…

Heutzutage ist der Beruf des Frisörs bei japanischen Berufsanfängern trotz der hohen Ausbildungskosten sehr beliebt. Im Gegensatz zu westlichen Kollegen verdienen Frisöre in Japan überdurchschnittlich gut, die Gehälter von Top-Stylisten bewegen sich auf Manager-Niveau.

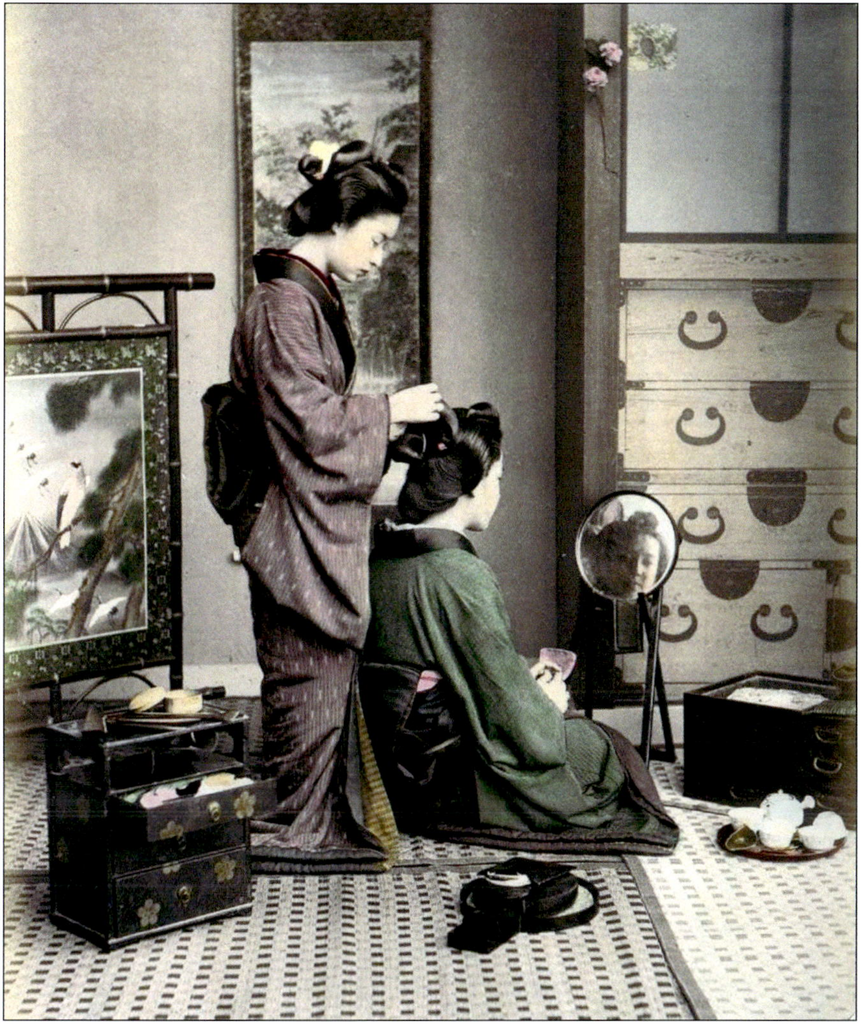

Tee trinken

Die belebende, bisweilen heilende Wirkung von Tee ist in China bereits seit 5000 Jahren bekannt. Im 7. Jahrhundert n. Chr. brachten buddhistische Mönche den Tee von China nach Japan.

Tee trinken hat in Japan eine mystische Bedeutung, die ihren Niederschlag in dem Ritual der Teezeremonie gefunden hat, das seit Jahrhunderten unverändert praktiziert wird. Angelehnt ist dieses Ritual an die Philosophie des Zen-Buddhismus. Oberstes Prinzip ist die Harmonie des gesamten Ablaufes. In einer mehrere Stunden dauernden Abfolge streng festgelegter Handhabungen und Handlungen zwischen Gastgeber und Gästen sollen die vier Prinzipien Harmonie, Reinheit, Hochachtung und Stille erfahren werden.

Im heutigen Japan sind die Meinungen über die Teezeremonie gespalten. Ältere Japaner betrachten sie noch als Teil ihres kulturellen Erbes, während die Jugend das Ritual meist als langweilig und uninteressant ablehnt.

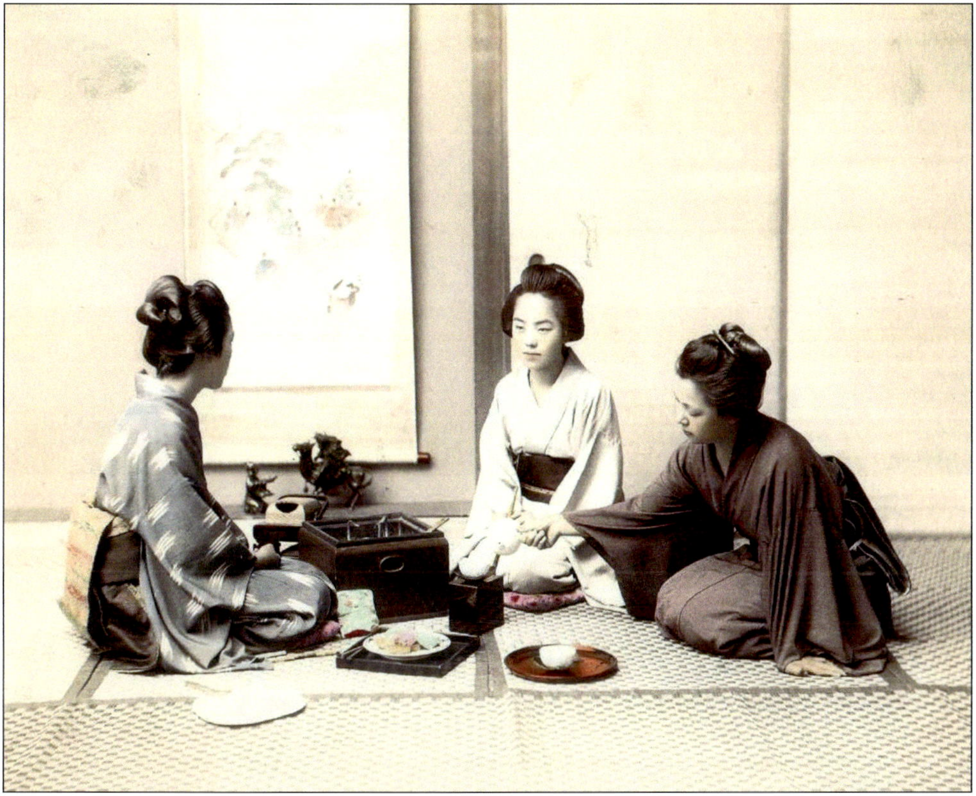

Udon-Nudeln essen

Von den drei populärsten Nudelsorten Udon, Soba und Ramen werden die ersten beiden als japanische Nudeln, letztere dagegen als chinesische Nudeln angesehen.

Udon, die dicksten Nudeln der japanischen Küche, werden aus Weizenmehl, Meersalz und Wasser hergestellt. Die Zusammensetzung wird vom Koch unter anderem in Abhängigkeit von dem am Tage herrschenden Wetter variiert. In einem Rezeptbuch von 1643 wurde erstmals die Herstellung beschrieben.

Zentrum der Udon-Nudeln ist heute die Präfektur Kanagawa, wo unzählige Udon-Restaurants die Nudelspeise in vielen Varianten anbieten. Im Jahre 1984 wurde dort die Udon-Forschungsgemeinschaft gegründet, um die Udon-Kultur zu pflegen und zu verbreiten. In einer Vereinbarung mit der japanischen Post wurde die Präfektur Kanagawa in 2011 in „Präfektur Udon“ umbenannt.

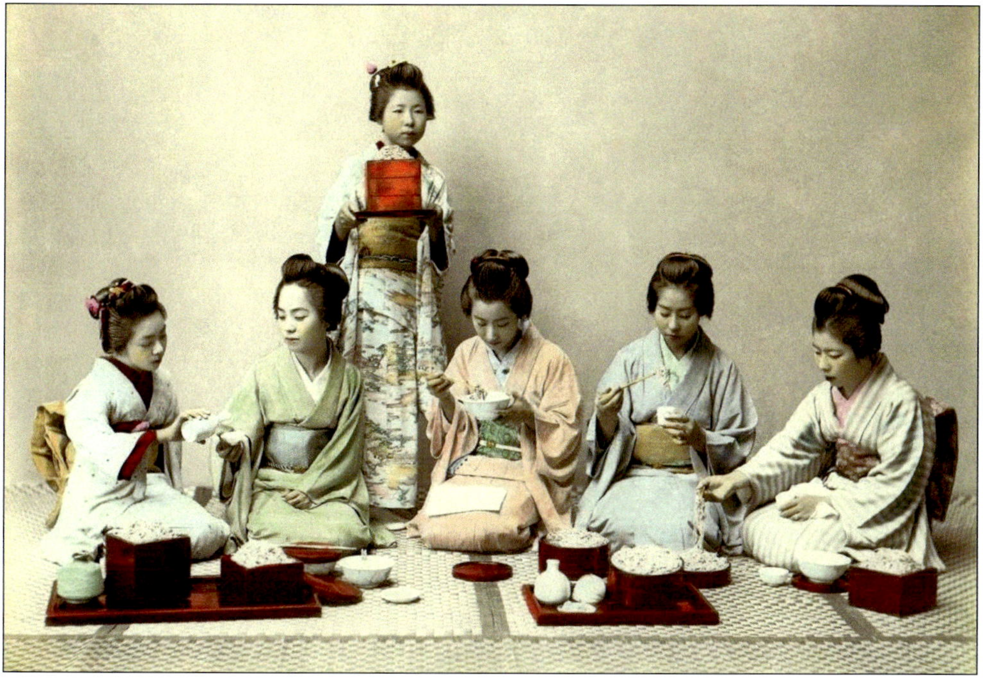

Beim Spiel von Koto und Shamisen

Das Spielen des Kotos, der japanischen Zither, ist eine traditionelle Kunst, die am Kaiserhof praktiziert wurde. Das Instrument wurde im 8. Jahrhundert aus China eingeführt. Die 13 Saiten sind über bewegliche Stege gespannt, durch deren Verschieben die Töne beim Spiel verändert werden können. Durch den Einfluss der Pop- und Rockmusik hat das Koto in Japan an Bedeutung verloren. Andererseits wird das Koto gelegentlich auch in der westlichen Musik eingesetzt, so von David Bowie im Instrumentalstück „Moss Garden" auf dem Album „Heroes".

Das Shamisen, die japanische Laute, kam ebenfalls aus China ins Land, allerdings erst im 16. Jahrhundert. Ursprünglich wurde der Holzkörper mit Schlangenhaut bespannt. Heute wird Hunde- oder Katzenhaut verwendet, was einen klareren Klang ermöglicht. Das Shamisen begleitet die Gesangsmelodie und wird vom Spieler wie eine Gitarre gehalten und mit einem Plektrum gezupft. Auch heute findet das Shamisen in der japanischen Musik vielfältige Verwendung, sogar in Jazz-, Bluegrass- und Heavy Metal-Varianten.

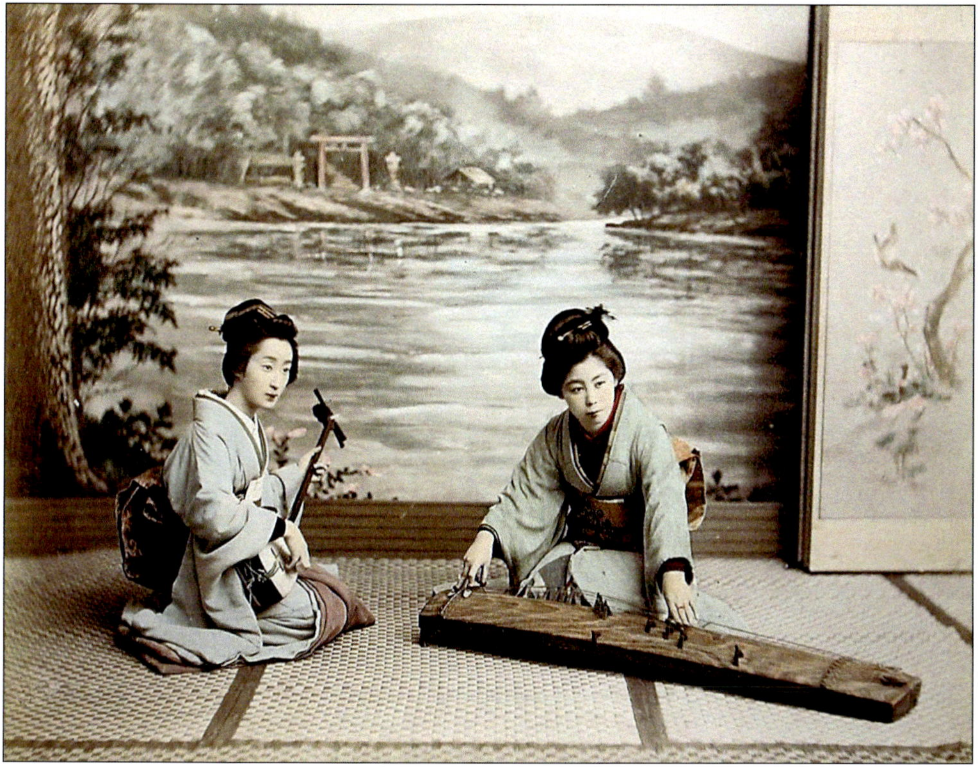

Hauskonzert

Neben Saiteninstrumenten wie Koto und Shamisen finden sich in der traditionellen japanischen Musik auch Blas- und Schlaginstrumente.

Die abgebildete Shinobue ist eine Querflöte aus Bambus, die eine wichtige Rolle bei der musikalischen Untermalung von Noh- und Kabuki-Theaterstücken spielt.

Der Uhrglastrommel „San No Tsuzumi“ werden Klänge mit der Hand entlockt, während die kleine Trommel „Shime Daiko“ mit Stöcken bearbeitet wird.

Die traditionelle japanische Musik wirkt auf westliche Ohren fremd. Dies wird durch den Charakter der hohen Frauen- und oft im Falsett vorgetragenen Männerstimmen bedingt, aber auch durch den ungewohnten Klang der Saiten- und Blasinstrumente.

Popularität genießen im Westen dagegen die Taiko-Trommel-Ensembles, die seit Jahren erfolgreich große Hallen füllen.

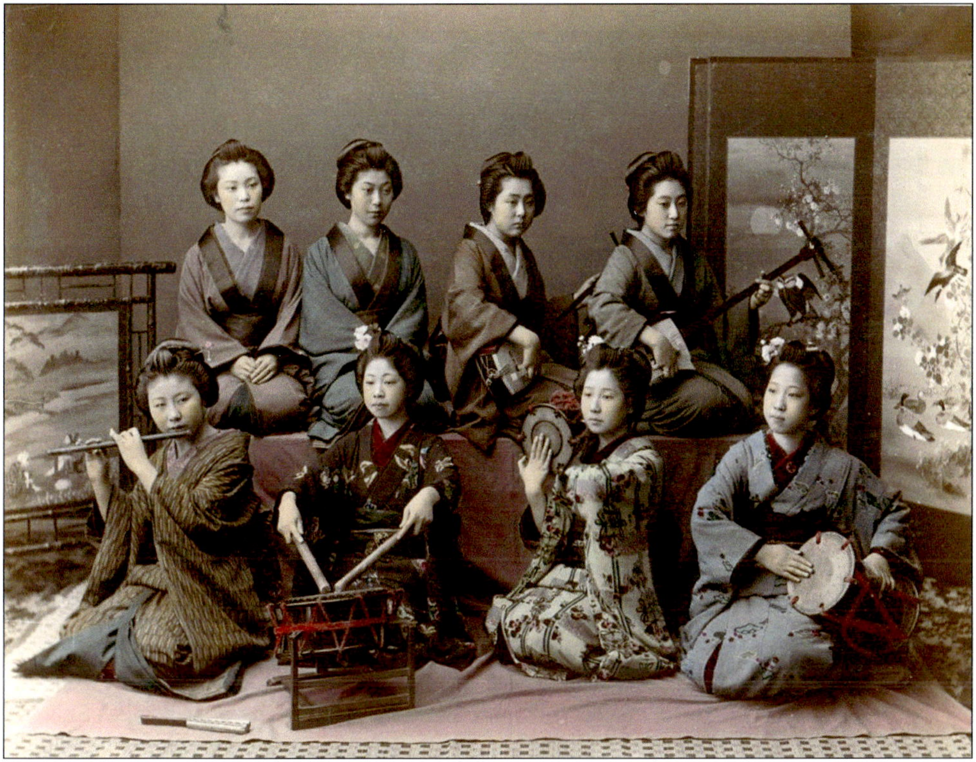

Musik mit Tanz

Bereits Ende des 17. Jahrhunderts unterhielten die Odoriko, die Tänzerinnen, ihr männliches Publikum. Schon im frühen Kindesalter wurden die Odoriko zu Lehrmeistern geschickt, um in Tanz, Gesang und dem Spiel von Instrumenten ausgebildet zu werden.

Wichtig beim Tanz der Odoriko ist das perfekte Zusammenspiel von Körperbewegungen und Kimono. Die langen Ärmel unterstreichen und intensivieren hierbei die Bewegungslinien. Auch werden Gefühlsregungen unter Zuhilfenahme der Ärmel dargestellt. Um Schüchternheit darzustellen, wird der Ärmel vor das Gesicht gezogen, um es vor den Blicken der Zuschauer zu verbergen. Trauer wird dargestellt, in dem der Ärmelzipfel vors Auge geführt wird, um Tränen hinwegzuwischen.

Im modernen japanischen Tanz mischen sich traditionelle japanische Elemente mit westlichen Formen und avantgardistischen Ausdrucksformen. Zu den bekanntesten Tanzschulen gehören heute die Ozawa Hisako Modern Dance Company und die Tokyo Modern Dance School.

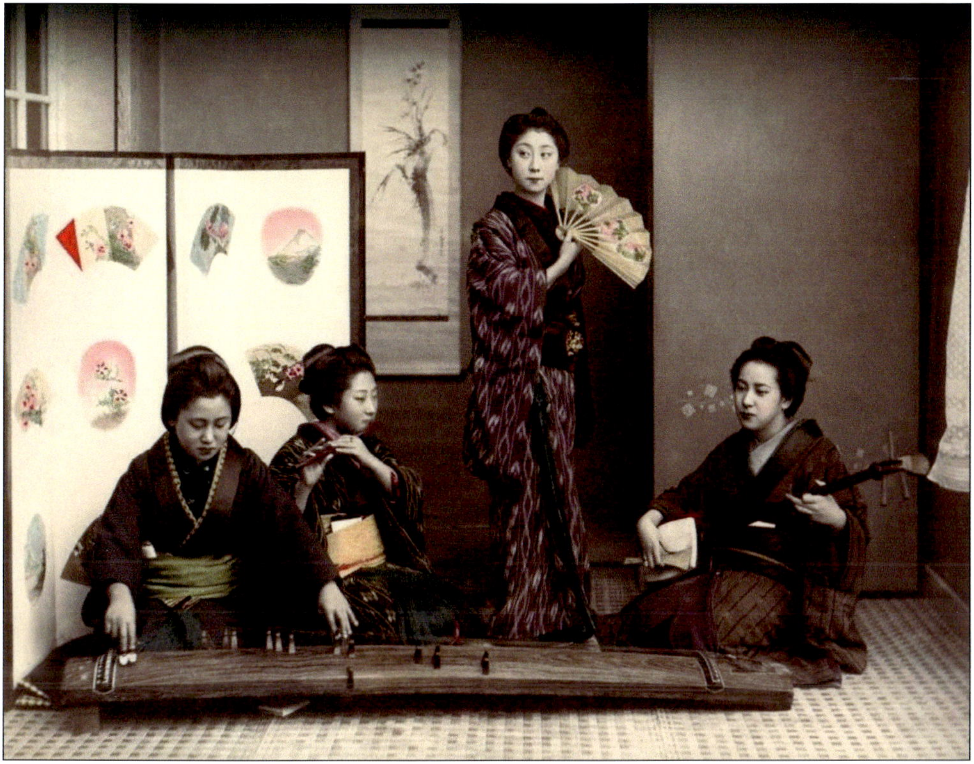

Schreintänzerin

Miko – Gotteskinder – sind weibliche Bedienstete, die an Shinto-Schreinen den Kagura-Tanz aufführen. Dieser dient zur Beruhigung und Besänftigung der Kami. Kami sind im Shintoismus verehrte geistige Wesen, nicht nur Gottheiten sondern auch Naturgeister, Gespenster und die Seelen Verstorbener.

Ursprünglich war Kagura ein ritueller Tanz, bei dem die Miko sich schamanengleich in Trance versetzten und zum Sprachrohr der göttlichen Wesen wurden. Über Jahrhunderte hinweg entwickelt sich Kagura mehr und mehr zu einem minutiös durchplanten Ritual, das heute nicht nur an Shinto-Schreinen sondern auch vor buddhistischen Tempeln zelebriert wird.

Heute sind Miko oft Aushilfskräfte, deren Hauptaufgabe der Verkauf religiöser Gegenstände ist.

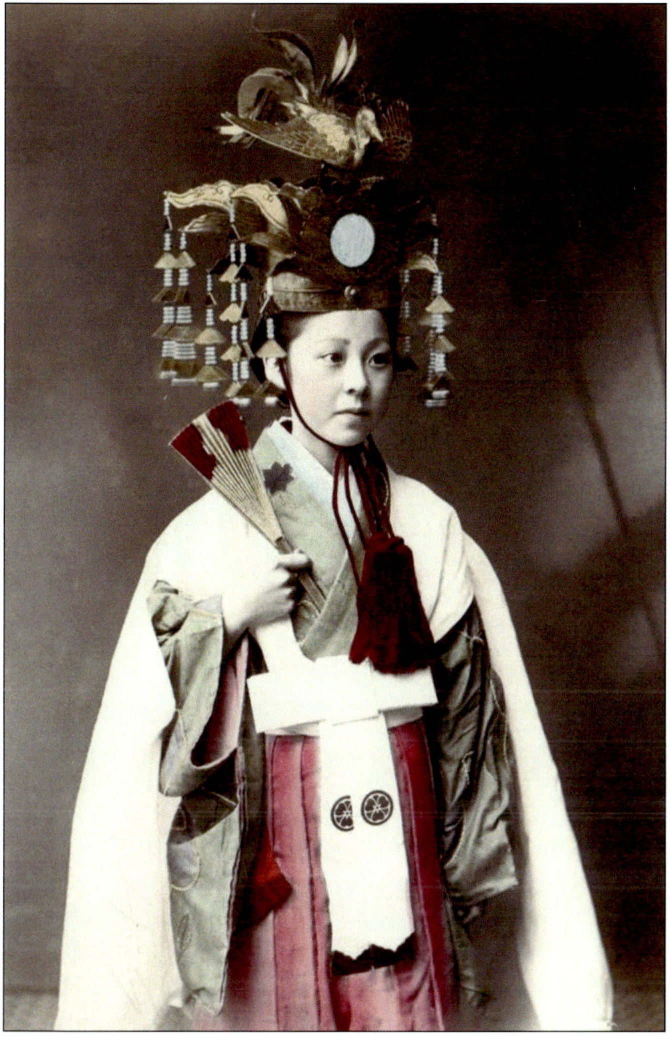

Geishas mit Seil

Neben Musik und Tanz dienten auch Gesellschaftsspiele der Unterhaltung im Japan des 19. Jahrhunderts.

Konkon Chiki war ein populäres Spiel, das in der Meiji-Zeit zum Neujahrsfest zelebriert wurde. Hierbei hielten mehrere Geishas ein zu einem Knoten gebundenes Seil über einen mit Sake gefüllten Becher. Eine weitere Geisha spielte ein Lied auf dem Shamisen. Ein Kunde griff durch das Seil und durfte den Sakebecher fassen, sobald die Musik verstummte. Nun musste er den Becher rasch durch den offenen Knoten ziehen, bevor die Geishas das Seil stramm und den Knoten zusammenzogen. Als „Bestrafung" für den misslungenen Versuch musste der Sake ausgetrunken werden.

Trinkspiele haben in Japan eine lange Tradition. So wurde bereits in Geschichtsbüchern aus dem 8. Jahrhundert von einem Bankett berichtet, bei dem Hofadelige Verse dichteten. Der Schöpfer eines gelungenen Gedichts durfte sich mit einer Schale Sake belohnen.

Auch heute noch erfreuen sich Trinkspiele in Asien großer Beliebtheit, in China noch stärker als in Japan. Ein anschauliches Beispiel findet man im Film Shanghai Noon mit Owen Wilson und Jackie Chan.

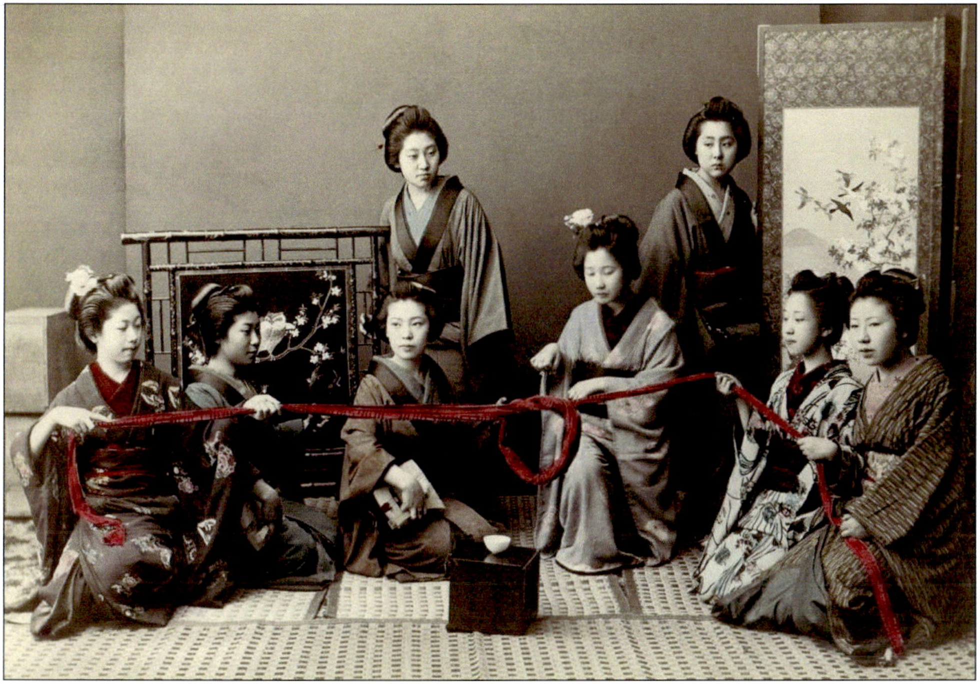

Sitzende Geisha

Den Beruf der Geisha gibt es seit Mitte des 17. Jahrhunderts. Geishas boten ihre Dienste als Unterhalterinnen an. Das Spektrum an Dienstleistungen umfasste Konversation, Gesang und Tanz sowie gastgeberische Tätigkeiten.

Nach der Abgrenzung des Berufsbildes von den Prostituierten Mitte des 19. Jahrhunderts wurden Geishas salonfähig und genossen in der Gesellschaft ein hohes Ansehen.

Heute betrachtet man die Geishas als wichtigen Bestandteil der Tradition und der Kultur des Landes.

In der heutigen Zeit geht die Zahl der Geishas aber stetig zurück. Anfang des 20. Jahrhunderts waren noch über 50.000 Geishas offiziell registriert, heute sind es nur noch einige hundert. Im Jahre 2007 debütiert mit der aus Australien stammenden Fiona Graham erstmals in der japanischen Geschichte eine Geisha westlicher Herkunft.

.

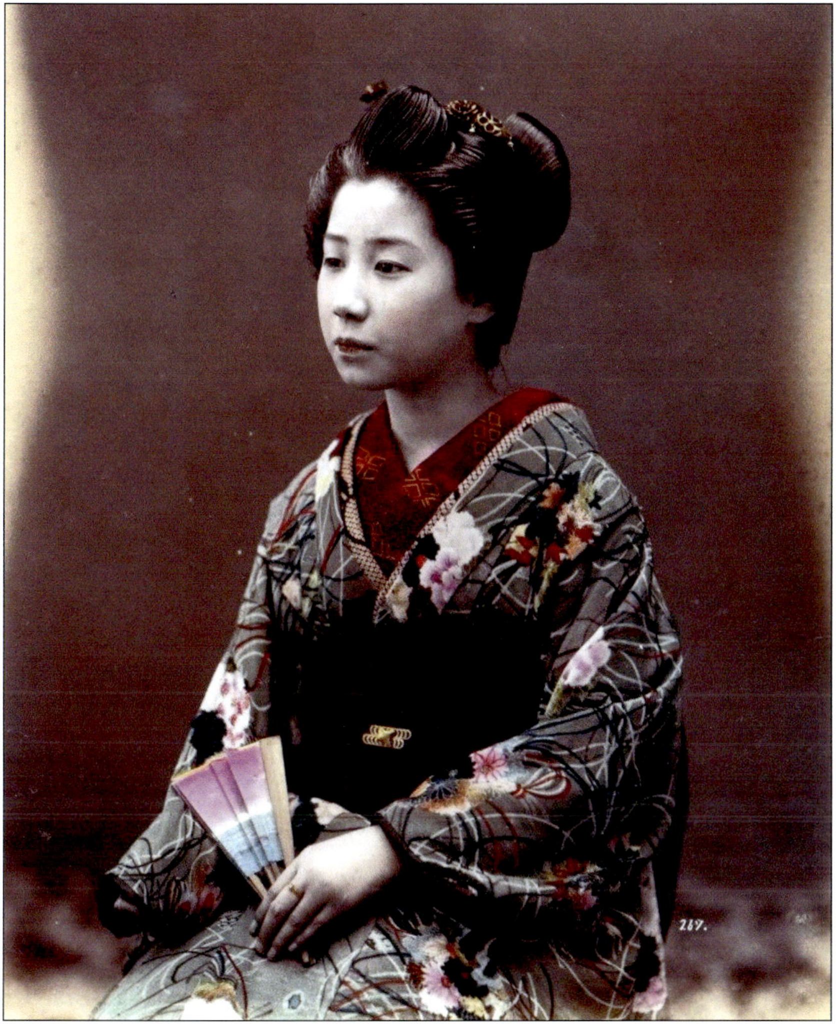
267.

Geisha in festlichem Gewand

Traditionell sind Geishas in Seidenkimonos gekleidet, die als Susohiki bezeichnet werden. Meist sind diese Gewänder in gedeckten Farben gehalten, da die Geishas mit ihrer Kunst und nicht mit ihrem Aussehen Aufmerksamkeit erregen wollen. Die langen Susohiki-Kimonos werden von den Geishas beim Gehen mit einem raffinierten Handgriff gerafft, um den Kontakt zum Boden zu vermeiden. Zu den Kimonos tragen Geishas Zori, seidene Sandalen oder Geta, die hölzerne Version der Fußbekleidung.

Die jungen Geishas, die sich noch in der Ausbildung befinden, tragen Hikizuri, eine andere Art Kimono mit auffälligen Mustern in grellen Farben. Dies soll kindlich wirken und die fehlende Reife im Vergleich zur voll ausgebildeten Geisha zeigen.

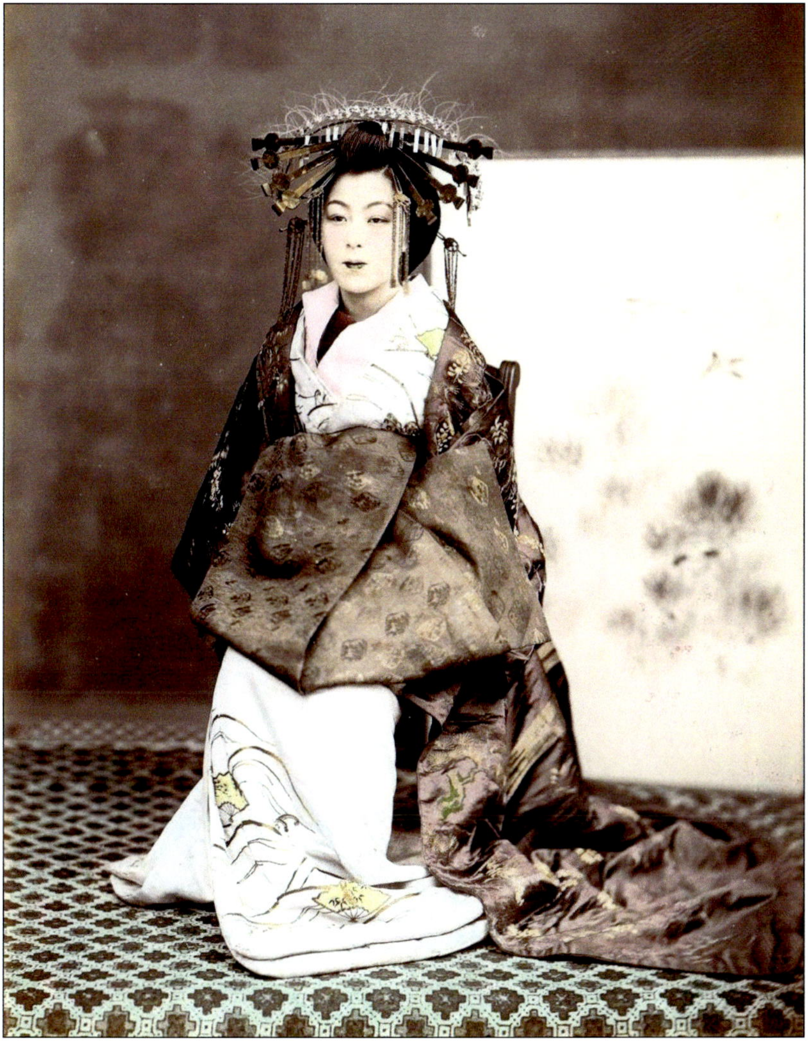

Schneekostüm

Die muss doch frieren! Und warum schmilzt der Schnee im Atelier nicht?

Natürlich handelt es sich hierbei um Kunstschnee, in diesem Fall in Form von Reismehl, das die Illusion einer winterlichen Szene vermittelt. Der Schnee liegt nicht nur am Boden sondern wurde von Kusakabe sogar an den Kimono geklebt, um den Eindruck zu vermitteln, dass die junge Dame gerade einen heftigen Schneesturm erlebt hat.

Die dargestellte „Schneekönigin" ist eine reale Person und nicht zu verwechseln mit der Yuki Onna – der Schneefrau – einer Figur des japanischen Volksglaubens. Die Yuki Onna ist eine Personifizierung des Winters. Lange Zeit wurde sie als böser Charakter dargestellt, die Reisende, die sich in Schneestürmen verlieren, durch ihren Hauch zum Erfrieren bringt. In späteren Erzählungen wurden auch gute Seiten beschrieben und ihre unwirkliche Schönheit in den Vordergrund gestellt.

Heute ist die Yuki Onna ein beliebtes Motiv in Manga, Realfilmen und Anime. Ein bekanntes, auch in Deutschland veröffentlichtes Manga ist „Die Schneeprinzessin" von der Zeichengruppe CLAMP.

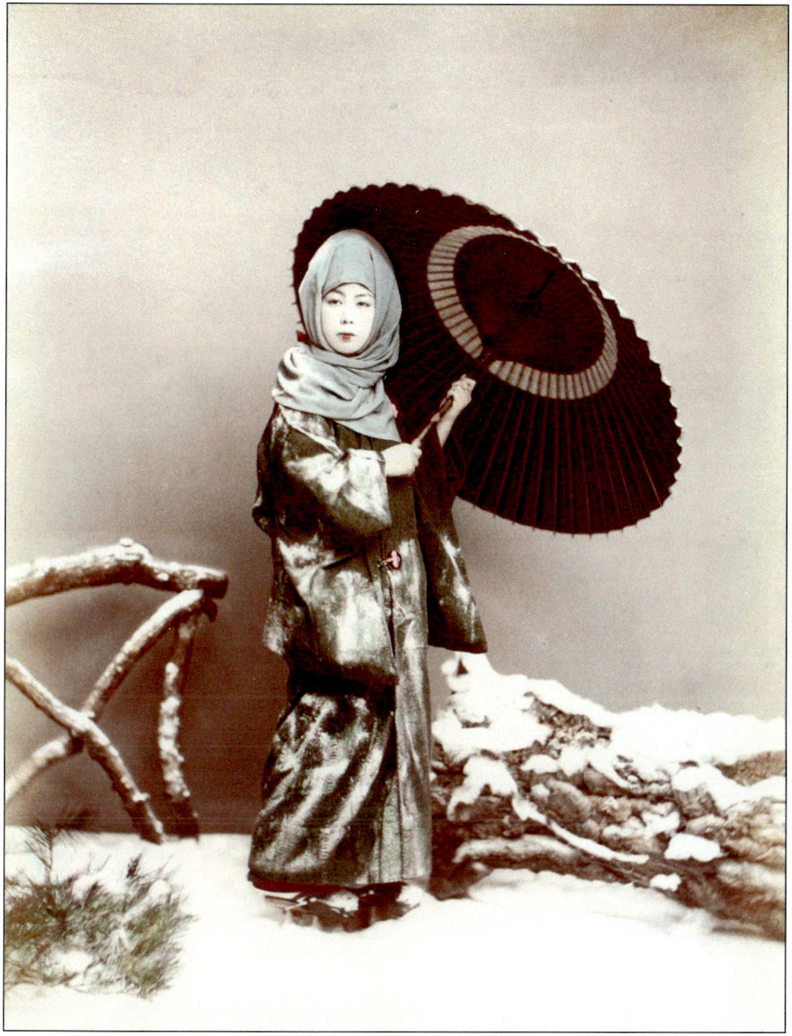

Geisha im Regen

Der Regen peitscht schräg von vorne. Die Geisha schützt sich durch den vorgehaltenen Schirm und stemmt sich gegen die Naturgewalten. Ihr Kimono flattert im Wind.

Und das hat Kusakabe im Atelier festgehalten? Alles nur Illusion! Die Regentropfen sind gezielte Kratzer auf der Fotoplatte, die schräge Haltung der Geisha gestellt und der Kimono mit feinen Nadeln an die Rückwand geheftet. Und so entsteht eine hohe Dynamik der Darstellung, eine kompositorische Meisterleistung des Fotografen.

Als „Tsuyu“ – wörtlich übersetzt „Pflaumenregen“ – wird die japanische Regenzeit bezeichnet, die in Juni und Juli bei hohen Temperaturen für eine fast unerträglich hohe Luftfeuchtigkeit sorgt. Andere Bezeichnungen sind „baiu“ oder „kabi“, was „Schimmel“ bedeutet und erklärt, warum die Regenzeit in Japan als unbeliebteste (fünfte) Jahreszeit gilt. Früher war es eben schwer, Wäsche und Hausrat trocken zu halten und vor dem Verderben zu bewahren. Mit der Verbreitung von Klimaanlagen im 20. Jahrhundert wird die Regenzeit erträglicher. Seit dem Reaktorunglück in Fukushima im Jahre 2011 wird jedoch staatlich angeordnet Energie gespart und vielerorts die Klimaanlage ausgeschaltet. Das Problem mit dem Schimmel ist wieder zurück…

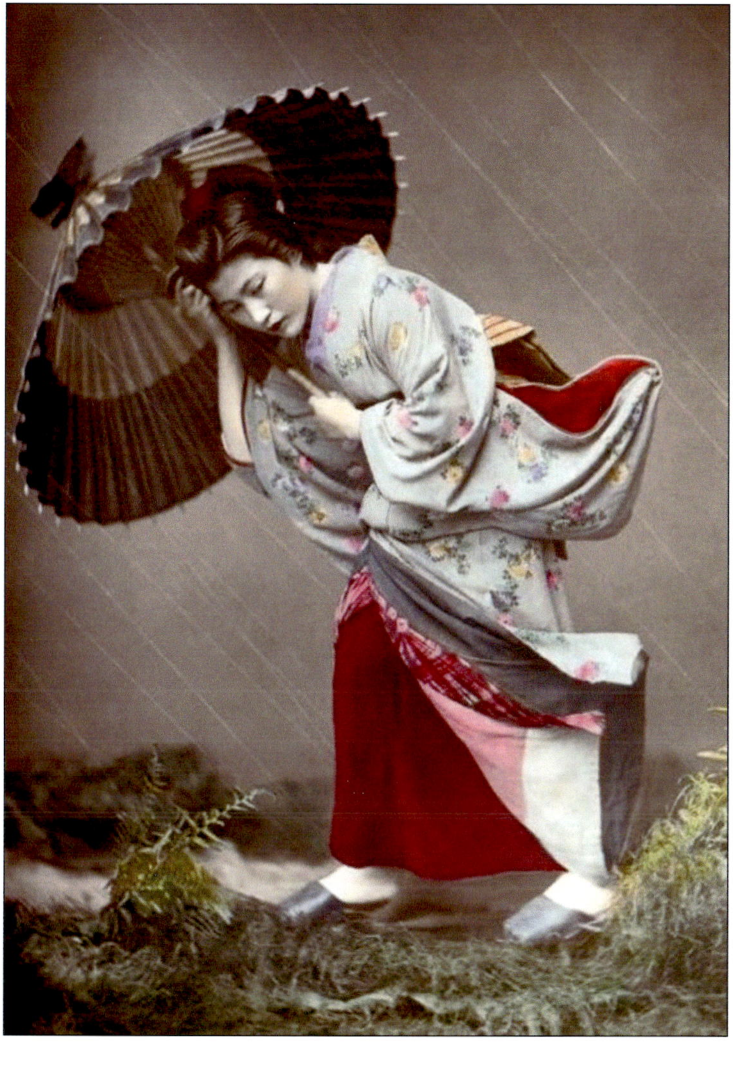

Frühe fotografische Techniken

Eigentlich ist Tempura sein Lieblingsgericht. Die leichte, knusprige Panade umhüllt das Gemüse und den frischen Fisch. Die mit Rettich verfeinerte Soße soll das Gericht zu einem vorzüglichen Geschmackserlebnis ergänzen. Doch heute will es Kusakabe nicht schmecken. Übelkeit überkommt ihn, als er die Tempurastücke mit den Stäbchen in den Mund führt. Heftige Kopfschmerzen belasten ihn seit den Nachmittagsstunden, als er mit einer neuen Alkohol-Ether-Mischung experimentierte, um das Verfahren zur Herstellung lichtempfindlicher Schichten zu perfektionieren.

Fotografie ohne Chemie, das ist undenkbar und dafür glaubt Kusakabe Opfer bringen zu müssen. Opfer wie Akito, seine Hauskatze, die letztes Jahr qualvoll verendete, nachdem sie versehentlich von der thiosulfathaltigen Fixierlösung naschte. Als er das letzte Stück des panierten Fisches in den Mund führt, wünscht er sich eine Weiterentwicklung der fotografischen Technik, hin zu einem Prozess, der ohne Chemie auskommt.

Der Franzose Joseph Nicéphore Niépce gilt als Erfinder der Fotographie. Das von ihm in den zwanziger Jahren des 19. Jahrhunderts entwickelte und als Heliographie bezeichnete Verfahren verwendet asphaltbeschichtete Zinnplatten. Es ist noch wenig praxistauglich, da Belichtungszeiten von mehreren Stunden erforderlich sind.

Louis Daguerre arbeitet mit Niépce zusammen und entwickelt nach dessen Tod ein Verfahren, bei dem eine mit Silberjodid beschichtete Silberplatte belichtet, in Quecksilberdampf entwickelt und in warmer Kochsalzlösung fixiert wird. Dieses Verfahren wird 1839 der Öffentlichkeit unter dem Namen „Daguerrotypie" vorgestellt. Damit steht erstmals ein Prozess zur Verfügung, der Belichtungszeiten unter einer Minute ermöglicht und damit die Tür zur praktischen Verwendung der Fotografie aufstößt. Allerdings kann auf diesem Weg immer nur ein Unikat hergestellt werden.

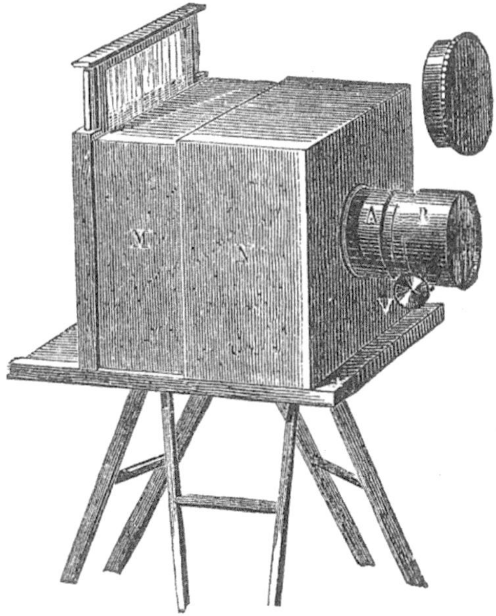

Daguerreotypie- Kamera

Das im Jahre 1840 durch den Engländer William Talbot entwickelte Negativ-Verfahren verwendet lichtempfindliches Papier, das sich beliebig oft reproduzieren lässt.

Kusakabe wird später das nasse Kollodiumverfahren zur Herstellung seiner Fotografien verwenden. Bei dem von Frederick Scott Archer im Jahre 1851 vorgestellten Prozess wird eine Glasplatte verwendet, die nach sorgfältiger Reinigung mit einer Lösung aus Kollodiumwolle und Jodsalzen in Alkohol beschichtet wird. Nach Verdampfen des Alkohols bildet sich eine gallertartige Beschichtung, die im Dunkeln in Silbernitrat getaucht wird. Dabei bildet sich eine fein verteilte Schicht aus lichtempfindlichem Silberjodid. Nach der Belichtung dieser Platte in der Kamera wird das Bild mit Eisensulfatlösung entwickelt und durch eine Behandlung mit Natriumthiosulfatlösung und Alkoholfirnis fixiert. Durch diesen Prozess erhält man Glasnegative von hoher Brillanz.

Bei der Herstellung von Kopien seiner Fotos wird Kusakabe auf das Albuminverfahren zurückgreifen. Dieses von Louis Blanquat-Evrard entwickelte Verfahren wird 1850 der Öffentlichkeit vorgestellt. Albuminpapier zählt bis Ende des 19. Jahrhunderts zu den beliebtesten Kopierpapieren. Auch heute wird es in der künstlerischen Fotografie verwendet, da es brillante Abzüge in hoher Auflösung ermöglicht.

Bei der Herstellung des Albuminpapiers legt man einen Bogen auf eine Mischung aus Eiweiß und Ammoniumchloridlösung. Anschließend wird das getrocknete Papier mit Silbernitratlösung imprägniert. Zur Herstellung eines Fotoabzugs wird das Albuminpapier mit der lichtempfindlichen Seite auf das Glasnegativ gepresst. Im nächsten Schritt erfolgt die Belichtung bei Tageslicht, so lange bis alle Teile des Bildes sichtbar sind. Schließlich wird der Abzug gewaschen, mit Natriumthiosulfatlösung fixiert, getrocknet und zwischen Walzen geglättet.

Kusakabe kann durch dieses Verfahren lediglich einfarbige Abzüge erhalten. Deshalb müssen die Negative durch ihn und seine Mitarbeiter von Hand koloriert werden. Alles in Allem ein aufwändiger Prozess, der den hohen Preis der Abzüge rechtfertigt. Für ein Dutzend Bilder im Visitenkartenformat verlangt Kusakabe 2 Dollar. Die größten Abzüge im Format 60 x 80 cm werden für 3 Dollar angeboten.

Im Jahre 1879 stehen dann erstmals industriell produzierte Trockenplatten zur Verfügung. Diese basieren auf einem von Richard Maddox entwickelten Gelatine-Prozess. Von nun an können Fotoplatten auch gelagert werden. Durch die Einführung von Trockenplatten und die Verkleinerung der Kameras wird die Mobilität des Fotografen deutlich erhöht und die Tür geöffnet hin zur Verbreitung der Amateurfotografie.

Nun sind die Tage der professionellen Souvenirfotografie gezählt, denn schon bald will jeder Reisende eine Kamera mit sich führen, um die eigenen Eindrücke einer exotischen Welt für sich festzuhalten.

Kodak befriedigt diese Bedürfnisse im Jahre 1888 mit der Einführung der ersten im industriellen Maßstab produzierten Rollfilmkamera, der Kodak Nr. 1. Diese ist klein, leicht und bei einem Preis von 20 Dollar für wohlhabende Reisende erschwinglich. Ein weiterer Meilenstein in der Erschließung des neuen Massenmarktes der Amateurfotografie ist die Einführung des Entwicklungsdienstes durch Kodak. Der Reisende muss also nur noch abdrücken, den Rest erledigt Kodak für ihn, bevor er die fertigen Abzüge in den Händen hält.

Eine Erleichterung für den Kunden. Kusakabe und seine Modelle jedoch müssen sich eine neue Tätigkeit suchen.

Westliche Pioniere der Fotografie in Japan

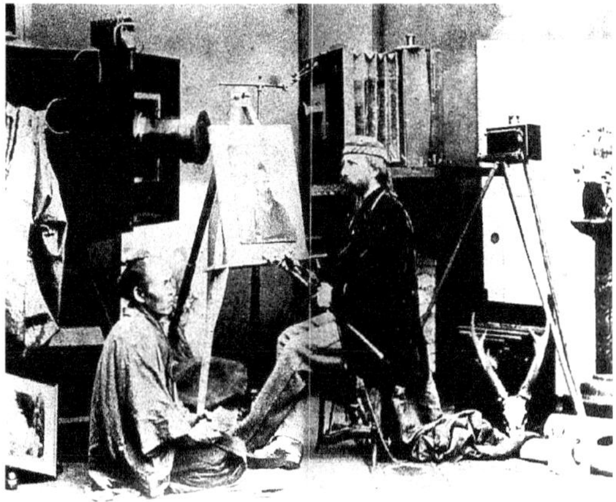

Kusakabe sitzt auf dem Boden des Studios. Stühle sind eine westliche Erfindung und wenn Stillfried auf einem solchen sitzen will, so soll er dies tun. Als der Japaner aber das Foto sieht, das ihn auf dem Boden und den Österreicher erhöht sitzend zeigt, wird ihm bewusst, dass Stillfried der Herr und er nur der Gehilfe ist. In diesem Moment reift in Kusakabe der Entschluss, ein eigenes Studio zu eröffnen, ein Studio in dem er selbst über die Motive und die Vermarktung der Fotos entscheidet.

Das Foto, das Kusakabe und Stillfried gemeinsam im Studio zeigt, wird 1879 aufgenommen, 26 Jahre nach Beginn des Prozesses der Öffnung Japans hin zum Westen.

Nach der Landung Commodore Perrys in der Bucht von Edo im Jahre 1853 setzt ein rasanter Prozess des Wissens- und Technologietransfers ein. Dabei wird keine andere Technologie so schnell nach ihrer Erfindung nach Japan getragen wie die Fotografie.

Eliphalet Brown, ein Begleiter der Expedition Commodore Perrys fertigt die ersten Fotos von japanischen Motiven an. All diese Aufnahmen werden jedoch durch ein Feuer im Jahre 1856 zerstört.

Die erste Daguerrotypie-Kamera war bereits 1848 durch den Unternehmer Ueno Shunnojo über die niederländische Enklave auf der Insel Deshima nach Japan importiert und Shimazu Nariakira, dem mächtigen Fürsten von Satsuma zur Verfügung gestellt worden. Aufgrund der komplizierten Handhabung des Apparates, dauert es allerdings mehrere Jahre, bis mit dieser Kamera 1857 das erste brauchbare Ergebnis erzielt wird: Das Portrait von Shimazu Nariakira ist das älteste bekannte Foto aus der Hand eines japanischen Fotografen.

In den folgenden Jahren reisen westliche Fotografen wie Edward Kern, Edward Edgerton und Pierre Rossier durchs Land, um zu eigene Aufnahmen anzufertigen und um die Technologie weiter zu verbreiten. Die Fotografie ist in dieser Zeit eine mühsame Prozedur, die vom Fotografen eine tiefe Sachkenntnis im Umgang mit Chemikalien und Apparaten verlangt. Mehr und mehr machen auch Japaner sich mit der Technologie vertraut und so kann Ukai Gyokusen im Jahre 1860 das erste professionelle Fotostudio in Edo eröffnen.

Anfangs haben die japanischen Fotostudios fast nur ausländische Kunden, die Andenken an ihre Reise mit nach Hause nehmen wollen. Nur wenige Japaner wagen es, sich fotografieren zu lassen, da sie gesundheitliche Schäden befürchten. So sind aus diesen Anfangsjahren überwiegend Fotos tapferer Samurai erhalten, die bereit sind, sich dieser Gefahr auszusetzen.

Der neue Berufszweig verbreitet sich rasch. Im Jahre 1877 gibt es im Großraum Tokio bereits über 100 Berufsfotografen.

In den Jahren 1860 bis 1890 sind es dennoch westliche Fotografen, die die Souvenirfotografie dominieren und Maßstäbe hinsichtlich technischer Perfektion, Motivwahl, Bildkomposition und professioneller Führung des Studios setzen.

Im Folgenden wird auf Leben und Werk der drei herausragenden westlichen Vertreter der japanischen Souvenirfotografie eingegangen: Felice Beato, Baron Raimund von Stillfried und Adolfo Farsari.

Felice Beato

Der 1832 in Venedig geborene Felice Beato hat bereits als Reise- und Kriegsfotograf Ansehen erlangt, als er 1863 nach Japan kommt.

Berühmt wird er für seine beiden Alben „Photographic Views of Japan“ die jeweils 100 Bilder mit Anmerkungen enthalten. Diese Alben setzen qualitative Maßstäbe und prägen lange Zeit das Japanbild des Westens.

Beato führt auch die für die japanische Fotografie typische Handkolorierung ein. Dabei werden Künstler eingesetzt, die zuvor farbige Holzschnitte oder japanische Aquarelle angefertigt haben. Auf diesem Wege kommt auch Kusakabe Kimbei in das Atelier Felice Beatos und damit zum ersten Mal in Kontakt mit der Souvenirfotografie.

Bei der Auswahl der Motive orientiert sich Beato streng nach kommerziellen Gesichtspunkten an den Vorlieben seiner Kunden.

Exotische Motive sind gewünscht und Darstellungen aus dem typischen, einfachen Leben in Japan.

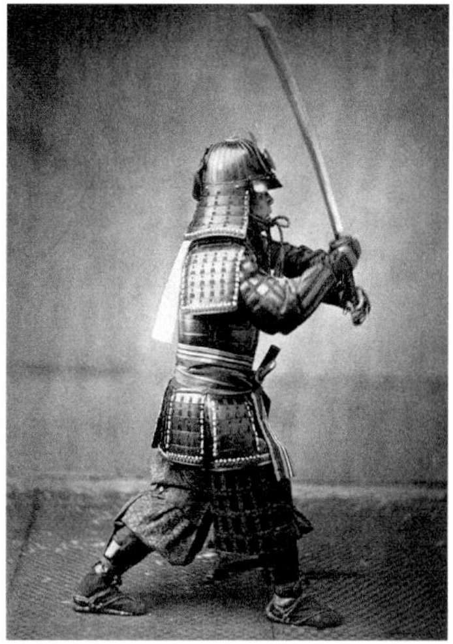

Martialische Motive gehören zum Portfolio, wie ein kriegerischer Samurai, der in voller Rüstung sein Schwert schwingt oder eine Exekutionsszene, in der das kniende Opfer auf seine Enthauptung wartet.

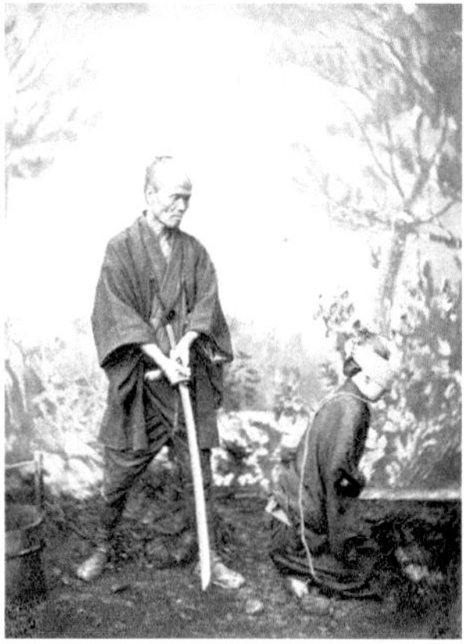

Intime Einblicke in das Leben der Japaner oder vielmehr der Japanerinnen, sind ebenfalls beliebte Motive.

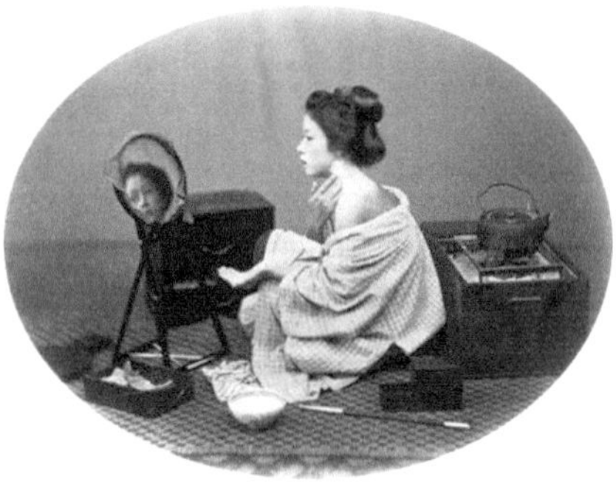

Eine Japanerin bei der Morgentoilette wird ebenso abgebildet, wie eine weibliche Gruppe beim Bad.

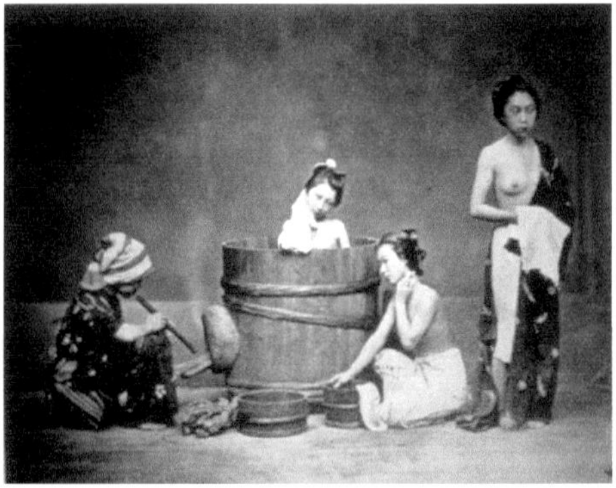

Üblicherweise werden für solche Fotos Kurtisanen oder Bedienungen aus Teehäusern beschäftigt, da es „anständige Frauen" ablehnen, fotografiert zu werden und so ihren Körper für den Kunden verfügbar zu machen.

Geishas haben keine Probleme, sich ablichten zu lassen, da sie ohnehin Cartes-de-visite als Werbemittel herstellen lassen.

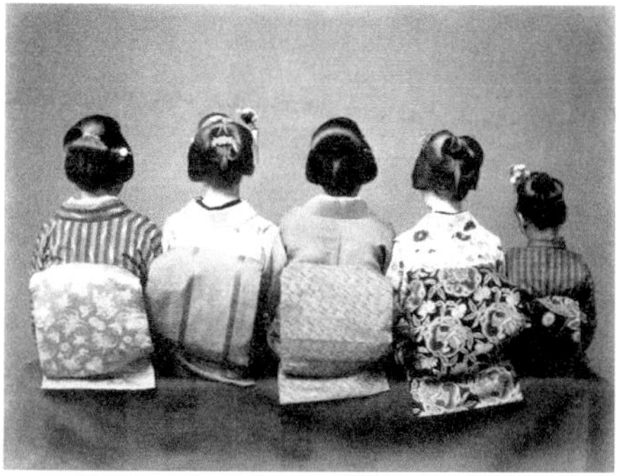

Geishas in prächtigen, farbigen Kimonos, alleine, in der Gruppe oder beim Musizieren gehören zu den klassischen Motiven Beatos.

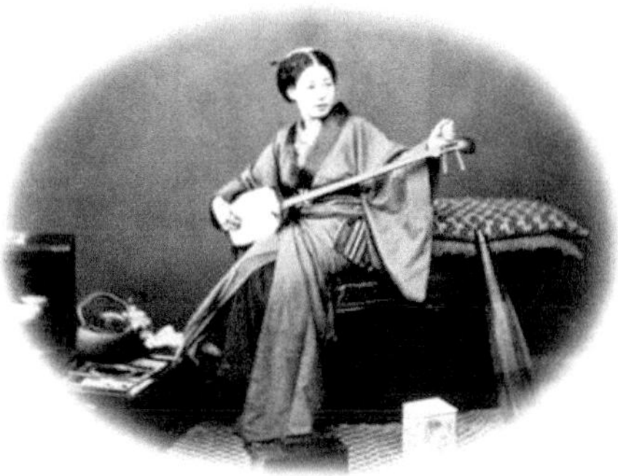

Von 1870 bis 1877 floriert Beatos Atelier im Ausländerviertel Yokohamas. Er beschäftigt einen westlichen Assistenten und mehrere japanische Fotografen und Koloristen, unter ihnen Kusakabe Kimbei.

Im Jahre 1877 veräußert Beato seinen fotografischen Bestand und auch sein Atelier an Baron Raimund von Stillfried. In den folgenden Jahren ist er als Händler und Spekulant aktiv, bevor er im Jahre 1884 Japan in Richtung Ägypten verlässt.

Raimund von Stillfried

Der 1839 geborene Baron Raimund Freiherr Stillfried von Rathenitz ist österreichischer Offizier, als er 1863 beschließt, aus dem Dienst auszuscheiden und Fotograf zu werden. Im Jahre 1868 kommt Stillfried nach Japan, wo er im August 1871 ein Fotostudio in Yokohama eröffnet.

Im Jahre 1873 geht der Baron ein hohes Risiko ein, als er heimlich ein Foto des japanischen Kaisers aufnimmt. Nach der Entdeckung wird das Negativ von den japanischen Behörden konfisziert. Die drohende Ausweisung kann Stillfried mit anwaltlicher Hilfe gerade noch vermeiden.

In den frühen Jahren zeigen Stillfrieds Fotos überwiegend landschaftliche Motive. Später, nach 1877, lehnten sich viele Motive Stillfrieds an denen Beatos an.

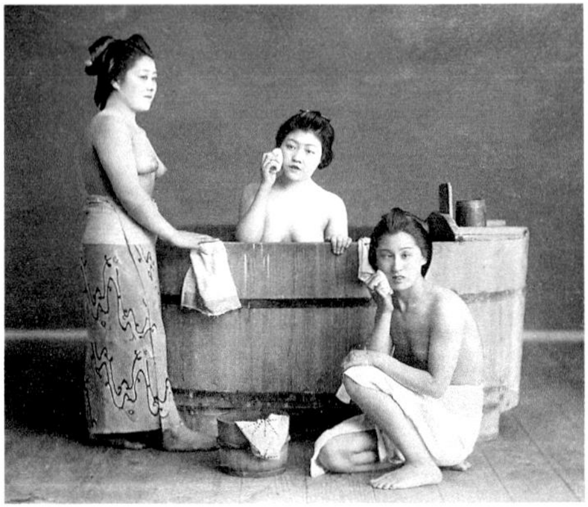

So zum Beispiel die Badeszene oder die junge Japanerin bei der Morgentoilette, die Stillfried in mehreren Varianten im Repertoire hat.

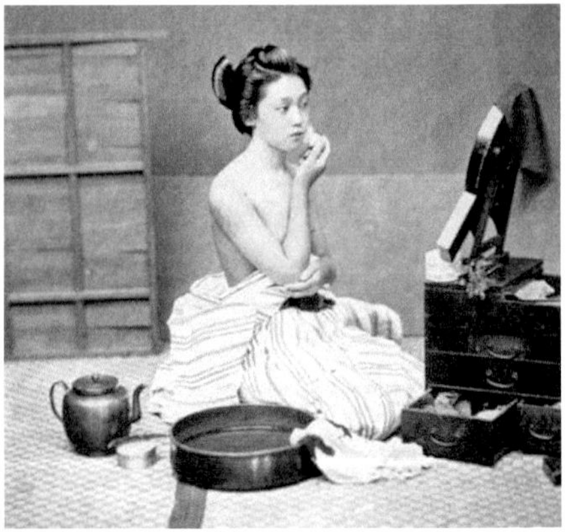

Auch findet man bei Stillfried des Öfteren Motive, die sich später bei Kusakabe Kimbei wiederholen werden.

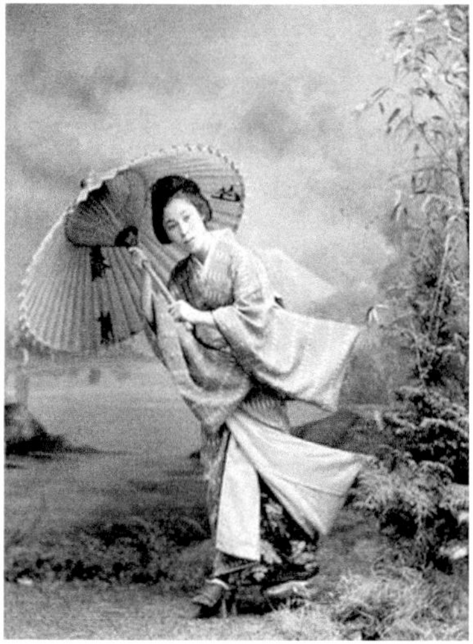

Ein Beispiel ist die Japanerin im Regen, die ihren Schirm in den Gegenwind zu stemmen scheint. Hier werden auch bereits die bildgestalterischen Techniken sichtbar, die Kusakabe Kimbei später perfektionieren wird: Um den Wind zu visualisieren, werden die Enden des Kimonos mit feinen Nadeln an die Studiowand geheftet.

Jedoch sind Stillfrieds Motive oft deutlicher und roher interpretiert als die Kusakabe Kimbeis. Man kann erkennen, dass Stillfried die Motive mit abendländischen Augen sieht und nicht wie Kusakabe mit japanischen.

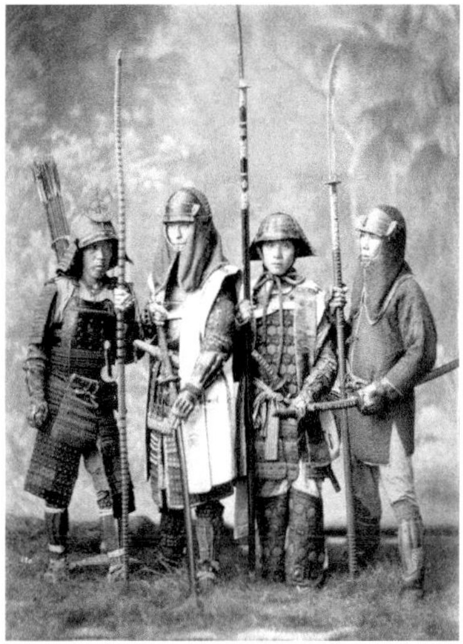

Deutlich wird dies zum Beispiel bei der Samuraigruppe mit Rüstung.

Während Kusakabes Samurai-Gruppe eher ängstlich und wenig furchteinflößend erscheint, möchte man Stillfrieds Kriegergruppe lieber nicht in einer Auseinandersetzung begegnen.

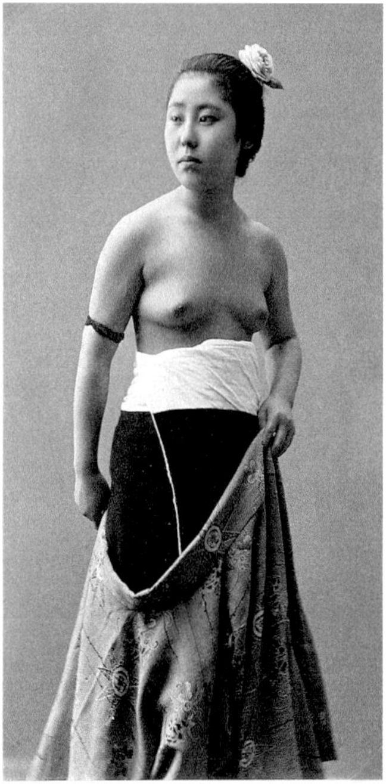

Auch die Darstellung der Nacktheit ist bei Stillfried wesentlich direkter als bei Kusakabe, der eher mit erotischen Andeutungen als mit Ansichten nackter Brüste arbeitet.

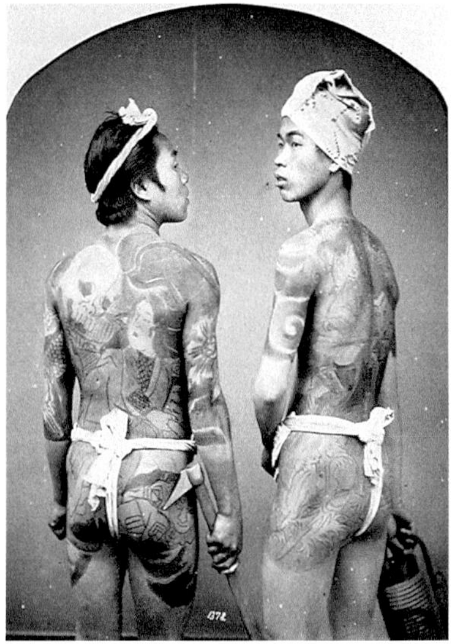

Schließlich bildet Stillfried auch großflächige Tätowierungen ab, die in der japanischen Gesellschaft nicht offen zur Schau gestellt werden. Derartige Motive sind in der westlichen Welt zu dieser Zeit nicht bekannt.

Als Stillfried im Jahre 1877 – nach einem Feuer im eigenen Studio – das Atelier Felice Beatos übernimmt, teilt er sich das Geschäft mit seinem Partner Hermann Anderson.

Nachdem sein abenteuerlicher Versuch den Kaiser abzulichten nach vier Jahren fast vergessen ist, beschäftigt der Baron erneut mit verschiedenen Aktivitäten japanische Anwälte und Gerichte. Im Juni 1877 hält Stillfried es für angeraten, das Land zu verlassen. Er reist nach Amerika und Europa, unter anderem, um seinen Bruder zu treffen.

Doch die Faszination Japans lässt Stillfried nicht los. Nach seiner Rückkehr im folgenden Jahr vereinbart er vertraglich die Trennung von dem gemeinsamen Unternehmen mit Hermann Anderson. Obwohl der Vertrag ihm dies nicht erlaubt, eröffnet Stillfried 1879 ein Atelier in Tokio. Nachdem er in der gerichtlichen Auseinandersetzung unterliegt, eröffnet er erneut unter dem Namen seines Bruders ein Atelier in Yokohama, was den nächsten Rechtsstreit auslöst, den diesmal allerdings Stillfried gewinnt.

Im Jahre 1881 verlässt Raimund von Stillfried endgültig Japan und verbringt danach einige Zeit in Sibirien, Hong Kong und Thailand, bevor er sich in Wien niederlässt.

Das Geschäft seines Bruders Franz in Yokohama übernimmt 1885 Adolfo Farsari.

Adolfo Farsari

Der 1841 in Vicenca geborene Adolfo Farsari kommt 1878 nach Japan und ist dort zunächst als Importeur von Literatur unternehmerisch tätig.

Als Farsari sich 1885 der Fotografie zuwendet und das Geschäft Franz von Stillfrieds übernimmt, hat sich das Wettbewerbsumfeld für die Souvenirfotografie bereits deutlich gewandelt. Zu Zeiten Felice Beatos wurden Fotografien noch als wertvolle Kunstgegenstände betrachtet. Durch die vereinfachenden Fortschritte der fotografischen Technologie und durch den einheimischen Wettbewerb sind Souvenirfotos in der Zwischenzeit zu Massenartikeln verkommen, die im Wesentlichen über den Preis verkauft werden.

Farsari gelingt es jedoch aufgrund der hohen Qualität seiner Produkte – als einem der wenigen westlichen Betreiber von Fotostudios – sein Geschäft erfolgreich fortzuführen. Daran kann ihn auch ein Feuer im Jahre 1886 nicht hindern, das all seine Bestände zerstört, auch die Negative, die er von Beato und Stillfried übernommen hatte.

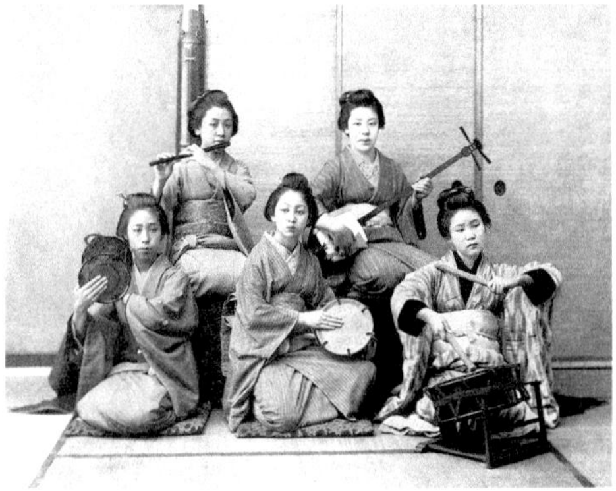

Auch bei Farsaris Motiven findet man deutliche Analogien zu Kusakabe Kimbei. So zum Beispiel bei der Darstellung einer Gruppe musizierender Geishas. Die Gruppe ist zwar kleiner als bei Kusakabe, scheint die Instrumente aber nicht weniger enthusiastisch zu bedienen.

Die Shamisen-Spielerin stellt Farsari alleine dar. Andere Instrumente, so auch das Koto, finden sich unbenutzt im Hintergrund des Bildes.

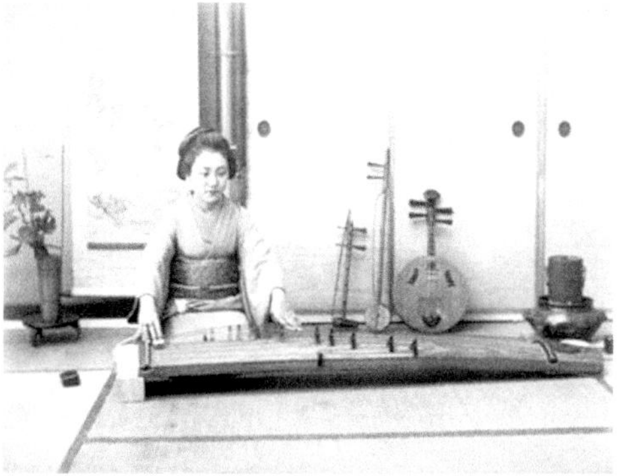

Die Briefe schreibende Japanerin wird bei Farsari von einer Kollegin aus dem Hintergrund beobachtet.

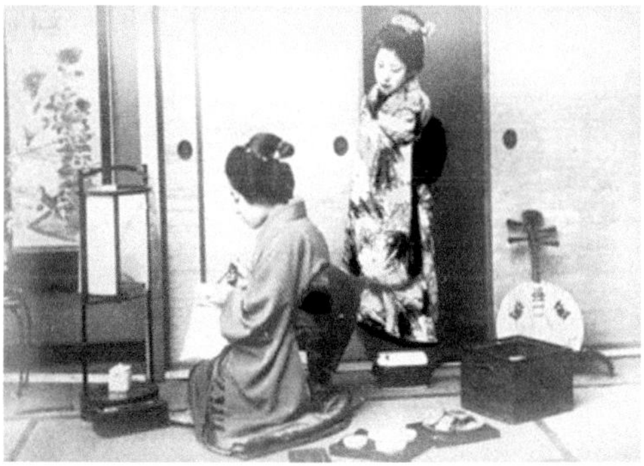

Bemerkenswert ist auch die Harakiri-Szene, in der Kunstblut fließt.

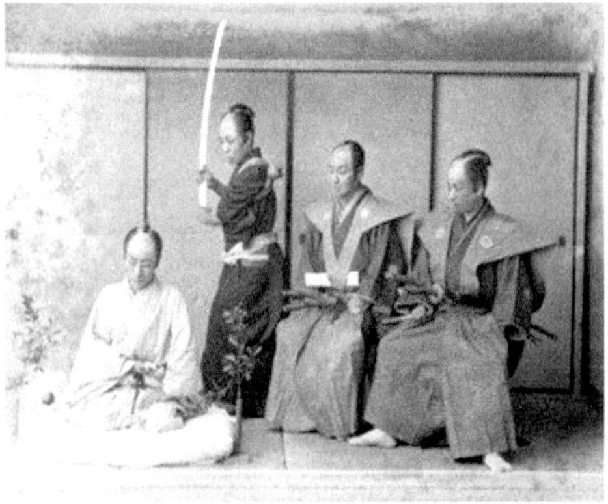

Als Adolfo Farsari 1890 sein Studio verlässt und durch Heimweh getrieben nach Italien zurückkehrt, beschäftigt sein florierendes Geschäft über dreißig Angestellte.

Literatur

Japanische Fotografien aus dem 19. Jahrhundert und die damit verbundene Geschichte üben auch heute noch eine große Faszination aus. Viele Bücher und Artikel zu diesem Thema sind in den vergangenen 40 Jahren veröffentlicht worden. Die – aus der subjektiven Sicht des Autors – bemerkenswertesten Werke sind in der Folge aufgelistet.

March, Philipp [Hrsg.]; Delank, Claudia
The Adventure of Japanese Photography 1860 - 1890
Heidelberg, 2002
Verlag: Kehrer
ISBN: 3-933257-22-0

Ein ästhetischer Genuss. Großformatige farbige Drucke und eine exzellente Motivauswahl zeichnen diesen Band aus, der in deutsch- und englischsprachiger Version erhältlich ist. Dazu ein übersichtlicher Textteil, der die frühe Geschichte der japanischen Fotografie unterhaltsam beschreibt.

Bennett, Terry
Photography in Japan 1853 - 1912
Tokio, 2006
Verlag: Tuttle
ISBN: 0-8048-3633-7

Unglaublich, wie akribisch der Autor biografische und geschichtliche Fakten recherchiert hat. Ein wahrhaft monumentales Werk, in dem wohl jeder ausführlichst beschrieben ist, der im Japan des 19. Jahrhunderts eine Kamera in die Hand genommen hat. Dazu eine Vielzahl hervorragender Abbildungen.

Wakita, Mio
Selling Japan. Kusakabe Kimbei's Image of Japanese Women
in: History of Photography: An International Quarterly
Band / Heft: Mai 2009
Seiten 209 - 223
Abingdon, 2009
Verlag: Taylor & Francis
ISSN: 0308-7298

Eine ganz besondere Analyse des Werkes Kusakabes mit vielen bemerkenswerten Erkenntnissen zum Frauenbild des Künstlers und zur japanischen Gesellschaft im 19. Jahrhundert.

Nakamura, Hirotoshi
Kusakabe Kimbei: Meiji jidai kara shashin no kyojin
Tokio, 2006
Verlag: Kokusho Kankokai
ISBN: 4-336-04772-3

Wer alles über Kusakabe Kimbei wissen will und die japanische Sprache beherrscht, kann sich in diesen Band vertiefen, der detailliert Leben, Umfeld und Schaffen des Künstlers beschreibt.

Tucker, Anne; Iizawa, Kōtarō
The History of Japanese Photography
New Haven, Conn., 2003
Verlag: Yale University Press
ISBN: 0-300-09925-8

Begleitend zu einer Ausstellung im Museum of Fine Arts in Houston erschien dieser prächtige Band, der die Entwicklung der japanischen Fotografie von den Anfängen in den fünfziger Jahren des 19. Jahrhunderts bis zur Jahrtausendwende dokumentiert.

Worswick, Clark [Hrsg.]
Japan - Photographs 1854-1905
London, 1980
Verlag: Hamilton
ISBN: 0-241-10435-1

Überwiegend in Schwarz-Weiß gehalten aber dennoch beeindruckend.

Bildnachweise

Titelbild: Kusakabe Kimbei, Snow Costume, ca. 1890
Seite 12l: Raimond von Stillfried, Kusakabe Kimbei, ca. 1875
Seite 12r: Kusakabe Kimbei, das Fotostudio Kusakabe Kimebeis in der Honcho Dori in Yokohama, ca. 1885
Seite 13: Kusakabe Kimbei, Anzeige für das Fotostudio in Yokohama, 1893
Seiten 19, 21, 23, 25, 27, 29, 31, 33, 35, 37, 39, 41, 43, 45, 47, 49, 51, 53, 55, 57, 59, 61, 63, 65, 67, 69, 71, 73, 75, 77, Kusakabe Kimbei, Personenstudien, 1880 – 1905
Seite 79: unbekannter Künstler, Daguerreotypie Kamera, aus G. H. Emmerich: Lexikon für Photographie und Reproduktionstechnik, Wien, Leipzig 1910
Seite 82: Raimond von Stillfried, Kusakabe Kimbei im Atelier Stillfrieds, ca. 1875
Seiten 85, 86lo, 86lu, 86r, 87o, 87u: Felice Beato, Personenstudien, 1863 – 1877
Seiten 88o, 88u, 89l, 89r, 90l, 90r: Raimond von Stillfried, Personenstudien, 1871 – 1881
Seiten 92, 93lo, 93lu, 93r: Adolfo Farsari, Personenstudien, 1885 - 1890

Bibliothek Meiji

In der zweiten Hälfte des 19. Jahrhunderts öffnete sich das zuvor ganz in der eigenen Tradition verhaftete Japan hin zum Westen. Dieser Prozess war untrennbar mit dem Namen des Kaisers Meiji verbunden, der die radikale Umgestaltung der Gesellschaft ermöglichte und begleitete.

In der Reihe Bibliothek Meiji werden wiederentdeckte Texte und Fotografien aus der Zeit zwischen 1850 und 1930 präsentiert, die das Aufeinandertreffen von östlicher und westlicher Kultur dokumentieren. Die Bände enthalten neben den historischen Werken begleitende Texte und Kurzbiografien der Autoren oder Fotografen. Sie vermitteln das faszinierende Bild eines Landes am Anfang seines Weges zu einer wirtschaftlichen und politischen Weltmacht.

Klaus Lerch (Hrsg.)

Unheimliche Geschichten aus Japan

Broschur, Glanzpapier
100 Seiten
31 S/W-Abbildungen
ISBN 978-3-945058-03-9

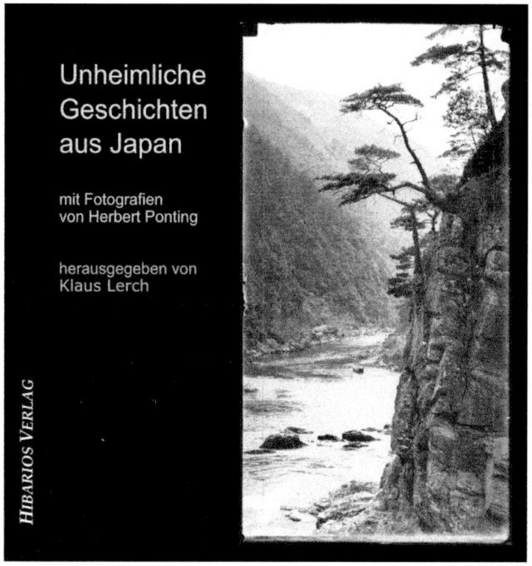

Der Mann an der Felswand

Der gespenstische Tanuki

Die Vampirkatze

Die Höhle von Hiye

Der Schädel

und viele mehr

---

20 unheimliche Geschichten aus Japan, entdeckt im 19. Jahrhundert vom Japanreisenden David Brauns.
Zusammen mit den faszinierenden Fotografien von Herbert Ponting, die vor über hundert Jahren entstanden, zeichnen sie ein Bild der Kultur und Tradition eines Landes, das sich nach Jahrhunderten der Isolation zum Westen hin geöffnet hatte.

Ottmar von Mohl

Am japanischen Hofe

Broschur
211 Seiten
58 S/W-Abbildungen
ISBN 978-3-945058-02-2

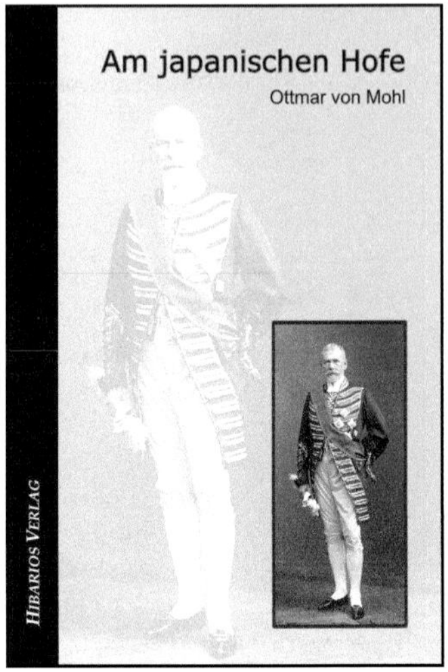

„Ich war in meinen Gefühlen sehr geteilt. Einerseits das wunderschöne, künstlerisch vollendete alte Japan mit seinen Jahrtausende alten Sitten und Gebräuchen malerischster Art.

Anderseits die Notwendigkeit, diese Sitten und Gebräuche, soweit als der Verkehr mit dem Ausland es nötig machte, abzuschaffen oder zu modernisieren."

Kein anderer Deutscher war dem japanischen Kaiser in der Zeit der Meiji-Restauration so nahe wie Ottmar von Mohl. Sein Werk ist mehr als nur ein nüchternes Tagebuch eines Japanaufenthaltes. Es ist ein faszinierendes Zeitdokument, in dem das Hin- und Hergerissensein der japanischen Oberschicht zwischen Erhalt der Traditionen und Wille zur Modernisierung auf dramatische Weise verdeutlicht wird.